PROP TRADING

2024

Cómo obtener cuentas de trading de €100.000 para lograr la libertad financiera sin invertir ni un centavo, incluso si empiezas desde cero

www.investetica.net

Tommaso Caratelli

ADVERTENCIA

DISCLAIMER

El contenido incluido en este Ebook no constituye un servicio financiero, de asesoramiento ni una solicitud de ahorro al público sin ser considerado como un servicio sobre el que basar decisiones de inversión.

El proceso de negociación implica un riesgo muy alto y podría generar pérdidas superiores al capital inicialmente involucrado.

Todas las operaciones, estrategias y herramientas aquí descritas son consideradas con un propósito educativo o de ejecución. Se declina por completo cualquier responsabilidad por las consecuencias derivadas de una funcionalidad basada en el contenido de esta presentación.

Este libro electrónico puede contener enlaces a otros sitios web que no están controlados ni conectados con Investetica. Estos enlaces se proporcionan como un simple servicio a los usuarios y no están patrocinados ni asociados con nosotros, salvo las partes expresadas.

El propietario no es responsable del contenido de estos sitios web. El acceso a sitios web de terceros, incluidos los de Prop Firms/Prop house, es por cuenta y riesgo del usuario, y el Autor no realiza declaración ni asegura sobre el contenido, la integridad, la fiabilidad o la empleabilidad de los sitios web conectados, ya que están controlados por terceros. compañías.

Tabla de contenido

Prefacio vii
¿Es este libro la mejor opción para ti? vii
Introducción x
El motivo por el que crear este compendio xii

Capítulo 1: La dura realidad del trading 1
Los 3 problemas que afectan a todo trader 1
1° Asunto: Ausencia de Capitales 2
2° Asunto: Ausencia de estrategias que funcionen con éxito (capacitación) 5

Capítulo 2: El Prop Trading 11
Los origines del Prop Trading 11
Prop Firms Independiente 13
La explosión del Prop Trading 14
Trading VS Prop Trading 17
Cómo tener una propiedad inmobiliaria en Milán, SIN: obtener un ROI superior al 1000% anual 18

Capítulo 3: El lado oscuro del Prop Firms Retail 22
El verdadero modelo del Business Model del Prop Firms Retail 22
La cuenta desenvuelta que se te entregó 23
Cómo elegir el Prop Firm con la que operar 24

Capítulo 4: ¿Cuáles son los Prop Firms sin desafío? 29
Instant Funding 30
Blue FX 31
FundYourFX 34
The 5%ers 36

FTUK 37

Capítulo 5: Prop Firms con el desafío 39
FTMO 40
True Forex Funds 42
The 5%ers 44
Savius 46
T4T Capital 47
TopStep 49
Lux Trading Firm 50
E8 Funding 52
Alpha Capital Group 53
Blue Guardian 55
City Traders Imperium 56
Fieldcrest 59
El Trading Pit 60
The Funded Trader 63
FundedNext 65
Funded Trading Plus 67
FXIFY 69
Prop Firms comparados 71

Capítulo 6: Las novedades de Prop Firms de 2023/2024 72
Forex Prop Firm 74
Forex Capital Funds 75
Funded Pro 77
Billion Club 79
Super Funded 80
Infinity Forex Fund 81
Genesis Forex Funds 84
Skilled Funded Trader 86
Funded Engineer 87
Optimal Traders 88
Las nuevas fórmulas del desafío FTMO 2024: 90
Nuevas actualizaciones de 2024 92

Capítulo 7: Quiebra o Cierre de Prop Firms 95
La historia e importancia de My Forex Fund en el universo del Prop Trading 96

Los mecanismos del escándalo: Manipulaciones y tácticas ocultas 96
Las implicaciones legales 97
Impacto financiero: análisis de las finanzas e inconsistencias......................98
Lujos y Gastos: La opulenta vida de Murtuza Kazmi 99
Comunicaciones perjudiciales y estrategias manipuladoras 99
Lecciones valiosas para el futuro 101

Capítulo 8: Un Mes Después del Bloqueo de My Forex Fund: Reflexiones y Novedades 103

El Remolino Alrededor de My Forex Fund: Una Cronología de Eventos 104
El Ecosistema del Prop Trading en Respuesta a la Crisis de "My Forex Fund" 105
Detrás de escena con "The Funded Trader": conferencia reveladora del CEO Angelo Ciaramello 106
The Payments Hub: La crisis del "Deal Deel" y sus Repercusiones en la Industria 106
El Panorama Diversificado de las Prop Firms: Cambios, Persistencia y Disputas 107
La Geolocalización de los Prop Firms: Una Elección Estratégica y Regulatoria 108
Pero, ¿Son Legales los Prop Firms? 110
A continuación se ofrecen algunos consejos para reconocer tempranamente las estafas de los prop firms 111
Otros casos de Prop Firms a considerar:.. 112

Capítulo 9: Cómo conseguir el éxito en este mundo podrido....114

Un modelo ganador para gestionar el comercio de accesorios y protegerse de las estafas de accesorios.. 114
¿Por qué la mayoría de los participantes fracasan en el reto?................. 116
Los Prop Firms Quieren que Pierdas.. 120

Capítulo 10: Cómo superar los desafíos 122

Estrategias Manuales.. 122
Estrategias Algorítmicas: El Arma Secreta para Dominar Nuevos Desafíos Prop 123
Tácticas Esenciales: Efecto Paracaídas.. 124
Acuerdos de Prop Firms para pagar menos por el desafío. 127

Capítulo 11: Alternativas al Prop....................................129
El caso Darwinex 129
Varios brokers: El efecto provecho como financiación indirecta............. 131

Capítulo 12: Tu desafío 132
La Esencia del Crecimiento Personal.................................... 132
Destruye tus límites.. 133
¡Ahora es tu turno!... 135

Prefacio

¿Es este libro la mejor opción para ti?

No quiero dorar la píldora ni ocultar la realidad detrás de clichés y promesas vacías. Este es un libro escrito con la intención de revelar **la brutal verdad sobre el universo Prop Firms, sin filtros ni quejas.**

Si eres una persona fácilmente impresionable, es posible que algunas secciones de este libro te resulten extremadamente desagradables o incluso impactantes.

Si crees que este podría ser tu caso, quiero decirte que lo cierres ahora mismo y busques en otro lado.

No quiero que pierdas tu tiempo; por el contrario, deseo que tengas beneficios inmediatos y concretos al terminar la lectura de este libro. Es posible dejarse capturar por él, como cuando estás tan absorto viendo tu película favorita que pierdes la noción del tiempo.

Si eres una de esas personas que no tiene miedo de enfrentarse a la realidad, una persona que realmente quiere entender cómo comenzar a operar sin invertir ni un centavo de su capital, una persona que está lista para entrar en el juego, te invitó cortésmente a seguir lectura.

Prepárate para un viaje que te llevará a una rama del comercio muy controvertida y encantadora, mostrándote tus oportunidades y peligros. Se le presentarán historias de éxito, pero también trampas y estafas, para crear un camino seguro hacia su propio éxito.

Sin embargo, antes de continuar quiero invitarte a hacer una cosa: eliminar las posibles distracciones. Apague el teléfono, cierre otras pestañas del navegador, busque un lugar muy tranquilo donde quedarse.

El enfoque es uno de los puntos clave para convertirte en un trader exitoso y, si no puedes dedicar tu atención a este e-book, ¿cómo podrías hacerlo cuando se trata de decenas de miles de dólares en el mercado?

Considere este tu primer desafío, **una prueba** de tu compromiso y resolución.

¿Te gustan los desafíos? ¿Te gusta *esa sensación de emoción, la adrenalina que aumenta cada vez más y cuando haces lo mejor que puedes para superar tus propios límites?*

Pues. *Este no es un e-book de planes para hacerse rico rápidamente ni de secretos milagrosos, pero sí puedes trabajar seriamente, dedicando tu tiempo y energías para comprender cómo funciona el prop trading y cómo puedes beneficiarte de él, entonces estará en el camino correcto.*

Mientras lees estas líneas, palabra tras palabra, *piensa en tus propias metas, sólo por un segundo piensa en lo que realmente deseas piensa en tu propio sueño.*

Quizás estás empezando a imaginar la vida que siempre has soñado, la sensación de ligereza de despertarte por la mañana con la capacidad de decidir si puedes trabajar o no, sin preocuparte por las facturas o el salario futuro.

O tal vez estás pensando en emprender un viaje, pasar más tiempo con tus seres queridos y hacer lo que te guste.

¿O tal vez estás pensando en contribuir, donar algo para hacer extremadamente felices al mayor número posible de personas, para crear un lugar mejor?

Este libro te mostrará cómo hacerlo, sólo si quieres hacer las cosas hasta el final, estudiar, aprender y crecer **como trader y como persona.**

Pues, si todavía estás conmigo, puedes sentir el entusiasmo y la emoción aumentando en ti, ¡entonces estás listo para embarcarte en este increíble viaje! ¡Empecemos entonces!

Introducción

Driiiin..

suena la alarma.. sin embargo, ya estabas despierto antes de que sonara la alarma mientras ella aún dormía No puedes esperar a levantarte y volver a abrir la pantalla

El amanecer tiñe el cielo de tonos rosados y dorados, y los primeros rayos de sol se filtran cortésmente entre las cortinas, acariciando tu rostro.

El abrazo del perfume del café recién hecho te llama y, mientras lo sorbes, sintiendo el calor deslizándose por tu garganta, enciendes el ordenador.

¡Una notificación parpadea en la pantalla y capta tu atención!

> *"¡Felicitaciones! ¡Aquí están las credenciales de tu trading cuenta real de 100.000 euros!*

El corazón es muy rápido. ¿Es un sueño? ¿Una de esas ilusiones que pueden desvanecerse nada más levantarse? No, es tangible, es real. Te pellizcas la mejilla para asegurarte de que estás realmente despierto empiezas a tocar el teclado, sintiendo el teclado, con esas teclas de plástico negro que son tan agradables de presionar

Con un apretón de manos suave, abre el correo electrónico hasta que las credenciales: **¡login y password**!

Frente a ti, se abre un portal a un universo que sólo habías imaginado.

Una oleada de sentimientos te embarga: La alegría apasionada por un objetivo alcanzado, el orgullo por las largas noches pasadas descifrando los secretos del trading, la gratitud por el obstáculo superado.

Cada sacrificio, cada duda, cada momento de malestar todo llevado a este punto mágico.

Con una respiración profunda, ingresa las credenciales de la plataforma MT4.

Y allí mismo, como un tesoro revelado, una cuenta de trading con **100.000 euros** ¡Está esperando que realices tu primer procedimiento de trading y retire tus ganancias mensualmente! No es una fantasía ni una broma, ¡es una vida completamente nueva!

Cierra los ojos por un momento.

Imagina el sinfín de posibilidades que te puede ofrecer esta capital. ¿Y si tuvieras acceso a mayores recursos? ¿Una cuenta de **1 millón de euros**, por ejemplo?

Sé lo que estás pensando: "Esta es una ilusión".

Sin embargo, te aseguro que no es una ilusión.

El universo de Prop Firms y Prop Trading es un lugar lleno de oportunidades y lo vas a explorar.

Te entiendo, si tu escepticismo te frena; sin embargo, continúa y página tras página este sentimiento desaparecerá automáticamente para dejar espacio a la confianza, la seguridad y el entusiasmo hacia un universo que no conocías antes de este momento.

Este e-book es tu propia brújula, tu faro en la oscuridad.

Entonces, toma el coraje. Quita las dudas y los miedos, déjate capturar y llevar

El motivo por el que crear este compendio

El año pasado fue un punto de inflexión en el universo del trading. Si bien el amanecer de las nuevas Prop Firms ha traído frescura e innovaciones en el campo, el cierre de algunas de estas eclipsó dudas e inseguridades.

Uno de los ejemplos más importantes fue el bloque Mi Fondo Forex, un evento que conmocionó a la comunidad de traders, al plantear algunas dudas sobre la sostenibilidad y confiabilidad de algunas empresas.

En esta sensación de incertidumbre surge la necesidad de esta guía, una luz que ilumine el camino a los traders, ya sean nuevos o expertos.

El fenómeno aparentemente negativo y sorprendente, tuvo tal impacto mediático que capturó el interés y la atención de millones de personas, **permitiendo el crecimiento de la industria del trading pop de forma exponencial.**

Sin embargo, podemos continuar.

Esto porque, si 2023 fue un año cambiante para el universo Prop, **2024** es aún más poderoso; nuevas modalidades de desafío con reglas innovadoras y una nueva era firman lo que es solo la tendencia de ese momento, pero puede considerarse la verdadera piedra angular del comercio en línea con un informe Win-Win.

Esto es lo que descubrirás en este e-book:

Cómo obtener financiación no reembolsable para hacer trading: Aprenda cómo lograr un ROI de más del 1000 % cada año y cómo amplificar tu propio impacto en el universo de trading.

¿Qué es el Prop Trading?Una inmersión muy profunda en el universo del Prop Trading. Descubre qué son las Prop Firms, qué tipo de diferencias existen entre el trading tradicional y el prop trading y cómo elegir la mejor Prop Firm para ti.

El lado oscuro de las Retail Prop Firms: Una visión general sobre el prop trading y el nacimiento de las Prop Firms, su propio modelo de negocio y sus desafíos.

Las innovaciones de 2023 de las Prop Firms: Conoce las nuevas Prop Firms nacidas en 2023 y sus características distintivas.

Las innovaciones de FTMO para 2024: Las nuevas formas de desafío creadas por las firmas Prop Ferrari.

Quiebra o cierre de las Prop Firms: Una visión general de los recientes fracasos y cierres en el universo de las Prop Firms.

El esquema ganador para ser completamente gratis: Descubra cómo tener un ROI de más del 1000 % cada año y las habilidades para tener éxito en el universo del trading.

Cómo superar los desafíos: Conozca las estrategias y los secretos para superar los desafíos propuestos por las Prop Firms y cómo explotar las opciones ofrecidas.

Alternativas a las Prop: Una visión general de las alternativas a las tradicionales Prop Firms

Tu desafío: Prepárate para destruir tus propios límites y embarcarte en un viaje que podría cambiar tu vida para siempre.

Este e-book ha sido escrito con el fin de ofrecer todos los detalles para navegar con éxito en el complicado universo del prop trading.

Si estás listo para participar en el juego y descubrir un mundo de oportunidades, empieces a leer. Y no pares.

CAPÍTULO 1:

La dura realidad del trading

Los 3 problemas que afectan a todo trader

Si estás leyendo estas sentencias es porque el trading captó tu atención, haciéndote soñar.

Pinta imágenes libres en tu mente, haciéndote despertar cuando quieras, viajando por el mundo, sin preguntarte nada.

Sin embargo, como un muy complicado despertar de un sueño maravilloso, te encuentras frente a una realidad muy diferente: el trading es un campo minado, y los resultados, en lugar de acercarte a tu propio sueño, parecen alejarse cada vez más.

Te miras al espejo y te preguntas: "¿Qué estoy haciendo mal? ¿Por qué, a pesar de todos mis esfuerzos, no puedo ganarme la vida con el comercio como lo había imaginado?"

Conozco muy bien *ese sentimiento*, es un dolor en el corazón.

Hace algunos años, antes de escribir este e-book, mi "oficina" era un sótano oscuro, húmedo y sofocante.

Fue el lugar donde me aislé y, al mismo tiempo, fue mi propia prisión. Pasamos días enteros delante de los gráficos, con los ojos pegados a la pantalla, intentando captar hasta el más mínimo movimiento del mercado.

La luz natural era un recuerdo muy lejano, tanto es así que tenía un bronceado VPS incluso en verano (o mejor dicho, tenía una palidez cadavérica)

La única ventana de mi sótano (si se puede llamar así) ofrecía un hueco hacia un garaje donde lavaban coches, y el ruido de los chorros y los extractores a menudo me hacía perder la concentración. Mi espalda cada vez estaba más encorvada y mis ojos, cansados y extremadamente rojos, pagaron el precio de aquellas largas sesiones.

A veces sentía una necesidad desesperada de salir de allí, de salir a la calle, de respirar aire fresco, de sentir el sol en mi piel pálida.

Durante ese paso, no tenía vida social, estaba solo.

Mis únicos amigos **eran los tres "asesinos" esenciales que me bloqueaban**, que me impedían alcanzar la libertad y el éxito en el trading.

Estoy seguro, tres fronteras que muchos otros están afrontando o han afrontado, pero que es fundamental aceptar y comprender para tener una imagen lo más clara posible de la situación:

1° Asunto: Ausencia de Capitales

Como cualquier otra profesión, el trading requiere las herramientas adecuadas para tener éxito. En el trading, el capital es una herramienta esencial. Sin el capital adecuado, incluso el comerciante más hábil se encuentra luchando contra corrientes insuperables.

No podemos negarlo: para ganar dinero operando, necesitas dinero. Y no estamos hablando de centavos, sino de cantidades importantes que pueden generar retornos tangibles. Incluso si eres un genio del trading, si empiezas con una suma insignificante, tus ganancias serán proporcionalmente pequeñas. Imagínese tener una rentabilidad del 1% sobre un capital de 1000 euros; En realidad, solo estás pagando 10 euros. Luego de horas de análisis, esfuerzos y decisiones, te encuentras con una cantidad que apenas cubre el costo de tu almuerzo.

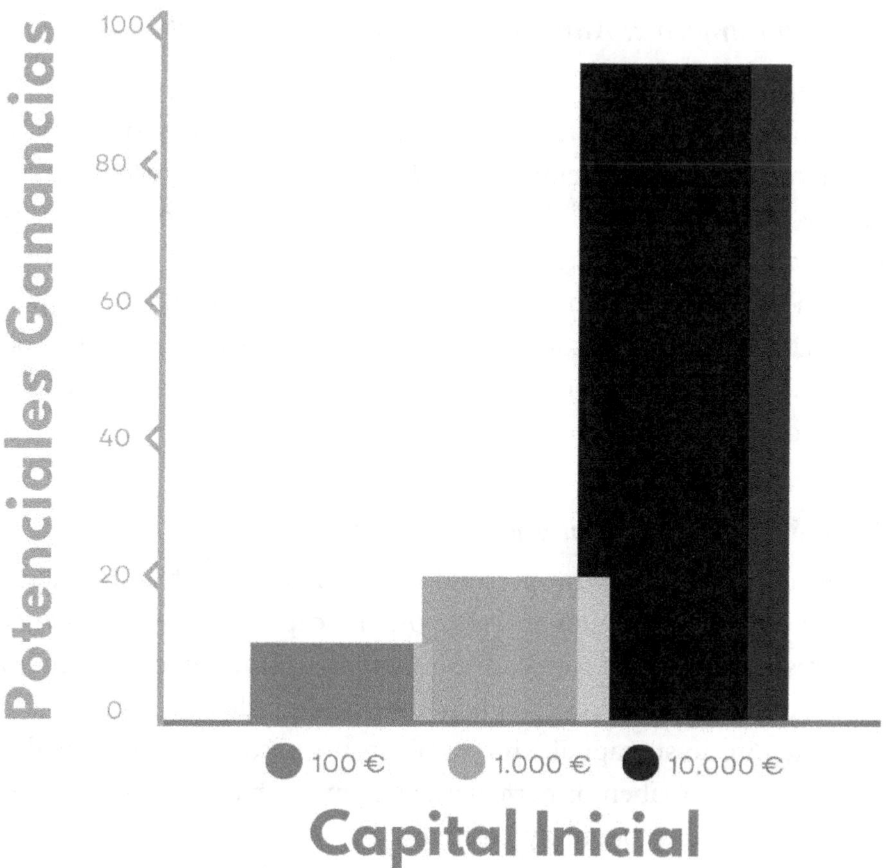

Solución número 1: Tienes que ser feliz incluso con pequeñas ganancias

Por supuesto, podrías aceptar el hecho de que, con un capital muy pequeño, tus ganancias serán limitadas. Podrías tratar el trading como un pasatiempo, algo que hacer en tu tiempo libre sólo para ganar algo de dinero extra. Sin embargo, si todavía estás aquí es porque tienes mayores ambiciones. No desea que el comercio sea sólo un pasatiempo; lo ves como una carrera, una pasión, una forma de cambiar tu vida para siempre.

Solución número 2: Aumente el riesgo usando estrategias de apuestas.

Cuando el capital es limitado, la tentación de aumentar el riesgo para lograr mayores rendimientos es poderosa. Este es un terreno fértil para los llamados "gurús" del trading que prometen retornos sorprendentes con estrategias muy arriesgadas (sin comunicar el hecho de que son riesgosas). Sin embargo, como en cualquier aventura, las probabilidades están en tu contra. Puede que tengas suerte una, dos, tal vez tres veces, pero, eventualmente, el riesgo te alcanzará y puedes perderlo todo.

Solución número 3: Obtienes préstamos

El concepto de obtener un préstamo para financiar tu trading puede parecer atractivo. Después de todo, con más capital se pueden obtener mayores rendimientos, ¿verdad? Sin embargo, comerciar con dinero prestado genera una presión adicional. Cada pérdida no es sólo una disminución de su capital, sino también un paso hacia el endeudamiento. Y, como sabemos perfectamente, operar bajo presión rara vez produce resultados buenos y positivos.

Existe una alternativa: las Prop Firms.

Estas empresas proporcionan a los comerciantes el capital que necesitan para empezar a operar, permitiéndoles beneficiarse de sumas importantes sin el riesgo de endeudarse. Sin embargo, como todo, las

Prop Firms también tienen sus pros y sus contras, que explicaremos en los siguientes capítulos.

Por tanto, la falta de capital es un problema real para muchos traders. Sin embargo, con la formación, la estrategia y el apoyo adecuados, es posible superar este obstáculo y acercarse al sueño de convertirse en un trader exitoso.

2° Asunto: Ausencia de estrategias que funcionen con éxito (capacitación)

Imagínese sentarte frente a un piano por primera vez y esperar tocar una sonata compleja de Beethoven. O sumergirse en un idioma extranjero y esperar dominarlo en tan solo unos días. Suena extremadamente irreal, ¿verdad? Sin embargo, muchos aspirantes traders cometen este error cuando se acercan al universo del trading.

Como cualquier otra habilidad, el trading requiere tiempo, dedicación y, sobre todo, formación. No se puede simplemente abrir una plataforma de trading, ver un par de vídeos en YouTube y esperar convertirse en un maestro en este campo. Sin embargo, muchos caen en esta estafa, impulsados por promesas engañosas y expectativas poco realistas.

Sin la formación adecuada, un trader es como un piloto sin licencia: está destinado a estrellarse. Y, lamentablemente, el mundo del comercio está lleno de depredadores dispuestos a explotar esta falta de preparación. Gurús que prometen riquezas rápidas, brokers deshonestos que ofrecen "bonos" engañosos y estrategias "milagrosas" que prometen facturas imposibles. Estos son sólo algunos de los obstáculos que un operador no preparado puede encontrar durante este viaje.

Sin embargo, la realidad es que el trading no es un juego de azar ni una apuesta. Es una disciplina que requiere estudio, práctica y una actualización constante. Los traders exitosos, o más bien aquellos que forman parte de ese pequeño 5% que gana constantemente, lo saben bien. No se basan en trucos ni en caminos bajos, sino que deciden invertir tiempo y energía en su propio entrenamiento. Estudian todos los mercados, prueban nuevas estrategias, siempre buscando formas de mejorar sus conceptos.

Y nunca paran. Incluso después de años de experiencia, siguen capacitándose, experimentando y buscando nuevas oportunidades. Porque saben que el mercado está en constante evolución y que, para mantenerse al día, ellos también necesitan evolucionar.

Por lo tanto, si realmente deseas tener éxito en el trading, tienes que tratarlo y considerarlo como un verdadero trabajo, no como un simple pasatiempo. Y, como cualquier profesión, requiere formación, dedicación y compromiso. Sólo así podrá esperar alcanzar y mantener el éxito a largo plazo.

3° Asunto: Todo el sistema es una trampa mortal lista para tragar

¿Alguna vez te has sentido como un ratón en una rueda, corriendo incansablemente sin llegar a ninguna parte? Pues, esta es la dura realidad del trading. No importa cuán diligente o apasionado puedas ser, **el sistema está destinado a aplastarlo.**

La verdad, por impactante que pueda ser, es que el mundo del trading minorista (para el público) no es diferente de los vorticiales y despiadados casinos de Las Vegas. Y yo hablo con la seguridad de alguien que ha visto claramente la oscuridad detrás las escenas, trabajando con numerosos intermediarios, tiene acceso a *información que la mayoría preferiría mantener oculta.*

La mayoría de los traders ignoran un hecho sorprendente: muchos brokers no sólo se alimentan de las comisiones, sino que también se sacian de las pérdidas. Cada vez que abres una posición y de repente te encuentras en números rojos, no es una coincidencia: es el sistema el que juega en tu contra.

Esta es la verdad que tienes que enfrentar: la industria del trading es como un depredador hambriento y tú eres su sabrosa presa. Cada estrategia, cada táctica, cada "consejo" que te dan tiene un solo propósito: llevarte al límite.

Las Prop Firms, cómo te mostraré en detalle en los próximos capítulos, tienen un negocio basado en el acto de hacerte perder. En realidad, ganan gracias a tu fracaso.

Piense en los corredores que lo llaman día y noche, intentándolo con ganancias astronómicas. O a las zonas de señales, que con sus predicciones "bastante seguras" no se diferencian de los estafadores que venden quimeras.

Y luego están los "maestros" del trading, que prometen montañas de oro con sus cursos y robots milagrosos pero, en realidad, la mayoría de ellos te llevan directamente a un abismo sin fin.

Mi odisea personal en el mundo del comercio es una prueba viviente. Mientras los "gurús" en línea te cuentan historias de liberación y éxito, he experimentado la pesadilla opuesta. Partiendo de una posición de estabilidad financiera; de hecho, el trading me llevó al límite.

Las historias de éxito y los coches brillantes que ves online son sólo ilusiones. La cruda y dura realidad es que el comercio minorista es un campo minado de desencanto y derrota. Y, a menos que estés equipado con el conocimiento y la preparación ideales, el sistema está listo para hacer estallar.

(Antes de empezar a operar)
(Después de empezar a operar)

Frecuentemente, cuando alguien se da cuenta del concepto real del universo del trading, reacciona de dos maneras diferentes, una opuesta a la otra. En el primer caso, la persona decide que el trading es un mundo que NO se adapta a él y que, ante la increíble cantidad de dinero perdida buscando una solución, decide rendirse, resignándose de una vez por todas y manteniendo vivo en un lugar más o menos infeliz en Matrix.

Para respaldar esta idea, existen varias estadísticas, que nos muestran resultados indiscutibles con un porcentaje del 92% de personas que ingresan al universo del trading sin tener éxito y deciden abandonarlo al cabo de un año. El 7% restante tiene altas y bajas y nunca consigue ganarse la vida derivada del trading, aunque sigue haciéndolo casi como un hobby o una pasión. Sin embargo, en el 1% de los casos (o incluso menos), las personas deciden que es hora de entender qué es lo que realmente les permite convertirse en expertos y **poder ganarse la vida con ello.**

Yo era parte del porcentaje fallido... Creo que era uno de los peores traders del mundo... sin embargo, en lugar de rendirme, perdí dinero, relaciones sociales y mucho cabello pero, eventualmente, después de aproximadamente 17 años (de 2003 a 2020) y más de 100 mil euros gastados en varios cursos, pruebas y errores, logré encontrar algo bueno y sostenible (o al menos, dinero para hacerme un trasplante de cabello ya que lo perdí por completo)

No es broma, esta guía fue creada específicamente para

La Delgada Línea Entre el Resultado y el Fracaso en el Proceso de Trading

Porcentaje de Traders que Pierden su Dinero por el Broker

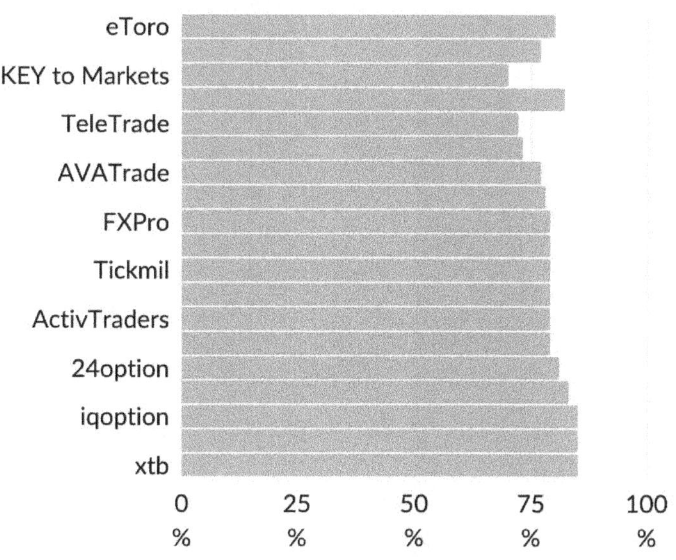

Según las estadísticas, alrededor del 85% de los participantes pierden dinero en el trading.

Este informe, aunque sea realmente increíble, destaca cómo pocos traders realmente pueden lograr el éxito ganando dinero.

Sin embargo, respondamos a la pregunta inicial, ¿cuál es el elemento que divide a las personas que participan del 15% de las que cuentan con el 85%?

Por lo tanto, el elemento que divide estas dos partes es que el primer porcentaje ha logrado resolver de una vez por todas las tres cuestiones que describimos y analizamos anteriormente.

En los siguientes capítulos te daré consejos muy importantes sobre cómo iniciar ese camino crucial que podrías llevarlo a la resolución de estos últimos dilemas.

CAPÍTULO 2:

El Prop Trading

Si bien en el capítulo anterior analizamos los elementos esenciales, analizando los diversos desafíos y complejidades que enfrentan los traders, en este capítulo llegaremos al núcleo del tema.

En su propia evolución esencial, el universo financiero ha sido testigo del surgimiento de nuevas estrategias y procedimientos que han definido el escenario. Una de estas tácticas, el Proprietary Trading, es tener un impacto intenso sin aparecer como un simple cometa o "tendencia" temporal.

En este capítulo, nos vamos a sumergir en el abismo de la historia del Prop Trading, explorando sus orígenes, crecimiento y desafíos que logró.

Los origines del Prop Trading

El Proprietary Trading, conocido como Prop Trading, se refiere a la actividad de **trading realizada con capitales personales**. Hacer trading con varias y diferentes herramientas financieras como suministros comerciales, derechos, divisas, materias primas, subproductos, etc., que un banco puede utilizar por sí solo y no para otros clientes.

El objetivo principal de esta eficiencia se refiere al acto de generar ganancias para el mismo banco.

Los orígenes del Proprietary Trading se remontan a la época en la que el objetivo principal de los bancos era maximizar sus propios beneficios mediante operaciones de negociación realizadas con su propio dinero. Esta estrategia permitió a los bancos explotar las oportunidades del mercado sin responder directamente a los deseos y necesidades de sus clientes.

Los Beneficios del Proprietary Trading

El beneficio más importante del trading por cuenta propia para el banco fue la posible creación de beneficios significativos. Esto ocurre porque los bancos pudieron trabajar con mayor flexibilidad, sin restricciones asociadas a los trámites realizados en nombre de los clientes, tuvieron la posibilidad de aprovechar la oportunidad de mercado de la mejor manera posible.

El Impacto del Proprietary Trading

Sin embargo, la esencia riesgosa del Proprietary Trading por cuenta propia provocó varios impactos financieros. La propia negociación, si no se gestiona correctamente, puede reportar un beneficio al banco, a costa de los clientes, al beneficiarse de las transacciones de los insiders, analizandolos para favorecer ventajas personales.

Introducción del Volcker Rule

Para replicar a los riesgos relacionados con el Proprietary Trading, se introdujo la "Regla Volcker". Esta legislación, parte integral de la Ley Dodd-Frank de Reforma de Wall Street y Protección al Consumidor en Estados Unidos, no permite a los bancos realizar operaciones de trading por cuenta propia, limitando sus propias interacciones entre fondos de cobertura y fondos de capital privado.

Prop Firms Independiente

Como consecuencia de la presentación de la Regla Volcker, nacieron muchas Prop Firms, empresas especializadas en inversión, que comenzaron a atraer y seleccionar a los mejores traders en su propio parqué para acelerar los resultados y su crecimiento.

Los traders, después de realizar una "pasantía" a modo de evaluación, si lograban el desempeño previsto, eran contratados, pasando a recibir capital controlado por Prop Firm.

Cada vez consiguieron un capital en constante crecimiento a base de su propia constancia y habilidad hasta el momento en que fueron capaces de gestionar millones de dólares, en los que incluso tomar sólo el 0,5% representaba enormes ganancias.

La Masificación y la Gamificación: El Nacimiento del Trading minorista de las Prop Firms

En algún momento, alguien sintió la oportunidad de copiar el esquema de Prop Firms, haciéndolo accesible "online" para permitir a los traders acceder desde cualquier lugar.

Los únicos clientes a los que se dirigen estas Prop Firms son los traders (o potenciales), a quienes "se venden algunos desafíos", o más bien las pruebas de evaluación, para elegir a los traders a quienes "asignar" estos capitales.

De esta manera, el trader que se encuentra en su casa puede afrontar este desafío realizando operaciones desde su PC, aunque se encuentre en el lado opuesto del mundo.

El comerciante accede a los capitales pignorados si supera el desafío, o "pierde" la tarifa previamente pagada por el desafío, si no supera el desafío.

Esta estrategia transformó el Prop Trading Retail en un "juego" en el que muchas personas pueden volverse "adictas", o más bien casi dependientes de este juego, activando desencadenantes psicológicos que podrían estar relacionados con el juego. El ansia de participar, jugar y ganar "un premio" es la dinámica disfuncional que debes conocer para no ser víctima de ella sino, al contrario, conocerla perfectamente para explotarla en beneficio propio.

La oportunidad

Gracias al nacimiento de Prop Firms Retails, ha surgido una oportunidad muy importante para los pequeños traders. Estas empresas, mediante una selección, ofrecen a los comerciantes acceso a plataformas avanzadas de trading y, lo que es más importante, pueden proporcionar importantes fondos para la negociación (básicamente no reembolsables).

Esto significa que **los traders pueden trabajar con capitales superiores a los que podrían permitirse individualmente.** Este "apalancamiento" es capaz de amplificar el potencial de ganancias, manteniendo un riesgo controlado.

Por otra parte, el Prop Firm Retail ofrece formación, asistencia y una comunidad de comerciantes, permitiendo a los pequeños operadores crecer y desarrollarse en un entorno profesional.

La explosión del Prop Trading

Hace sólo un par de años, cuando citaba el Prop Trading o Prop Firms en Italia, la reacción siempre era de escepticismo. Muchos me miraron con recelo, preguntándome si estábamos hablando de una marca de zapatos o de alguna tendencia pasajera. Sin embargo, como suele suceder, lo que empieza como un susurro puede convertirse en un clamor sonoro.

En los últimos meses, el universo del trading ha sido testigo de un fenómeno sin igual.

Prop Trading conquistó la atención de miles de personas, convirtiéndose en un tema dominante.

Los informes son muy claros: las investigaciones de Google sobre este tema registraron un aumento del +400%.

Y hay más. En 2023 nacieron varias nuevas Prop Firms Retails con una increíble mejora del +300%.

Estas empresas se están volviendo cada vez más populares de forma rápida, como las setas en un día lluvioso de verano.

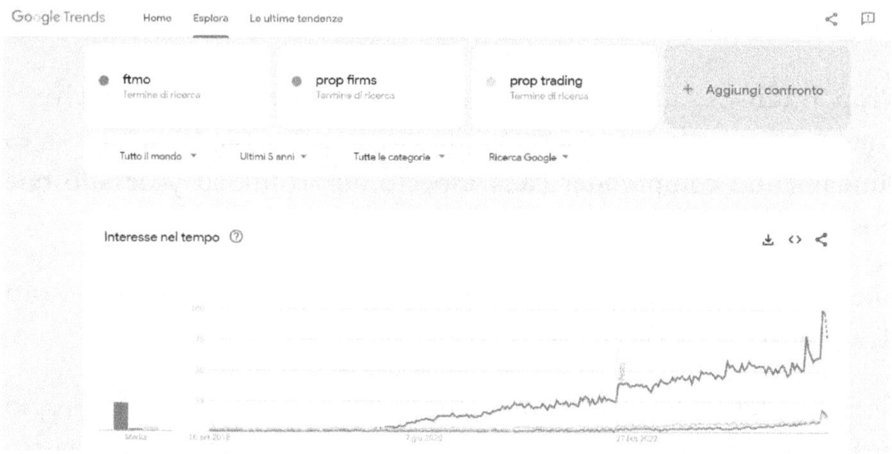

Sin embargo, ¿qué desencadenó esta explosión? ¿Por qué el Prop Trading se está volviendo tan popular e investigado?

La respuesta está en un sueño, un deseo muy profundo que acarician muchas personas: poder acceder a importantes capitales para comerciar y vivir de sus propias ganancias.

Imagínate encontrarte con alguien que te diga: "Creo en ti. Quiero invertir en usted, dándole una cuenta de 1 millón de euros para operar. Si obtiene ganancias, podríamos compartirlas. Si pierde, cubriré sus pérdidas hasta un punto específico. No te pediré reembolsos y no enviaré a mis matones debajo de tu casa si las cosas no van tan bien".

Bueno, ¿verdad? Sin embargo, es exactamente lo que ofrecen los Prop Firms. Y para muchas personas, este sueño se está haciendo realidad.

Conozco personas que gracias al Prop Trading están ganando cantidades entre 2k y 15k al mes. Algunos de ellos dejaron su trabajo tradicional, mientras que otros, como chicos de 20 años, se están embarcando en un estilo de vida muy elegante.

Sin embargo, hay otros que, con compromiso y estrategia, ¡ganaron 1 millón de euros!

Prop Trading está modificando la forma en que la gente ve y vive el trading. Y mientras nos sumergimos en este encantador universo, es fundamental comprender cada aspecto, oportunidad y desafío que nos puede ofrecer.

Un Análisis Detallado: Mi Conferencia sobre el Auge del Prop Trading en IT FORUM 2023

Si estás interesado en este fenómeno o si quieres escuchar mi propio análisis detallado sobre el auge del Prop Trading, tengo un recurso valioso para usted.

En el reciente IT FORUM 2023, tuve la oportunidad de dar una conferencia dedicada a este tema. Durante el evento, compartí mis propias observaciones, experiencias y predicciones futuras del Prop Trading.

Che cos'è il prop Trading? Workshop RIMINI Giungo 2023.

Después de hacer clic en el enlace, podrás suscribirte a nuestro canal de YouTube para recibir las últimas novedades, contenidos y estrategias totalmente gratis.

https://www.youtube.com/@investetica9584

Trading VS Prop Trading

Ahora podemos analizar esquemáticamente los beneficios más importantes de utilizar los fondos que ofrecen las Prop Firms frente a los capitales de otras personas en procedimientos de trading.

TRADING	VS PROP TRADING
NO tenes dinero para iniciar	Las prop firms te dan dinero para invertir
Si tienes dinero, tienes que ponerlo (y arriesgarlo)	El dinero procede íntegramente de las prop firms
NO tienes mucho capital para invertir	Capital real a partir de 100.000 dólares
Arriesgas tu dinero	Si pierdes, no tienes ninguna responsabilidad, ya que el dinero es de las prop
NO tienes tranquilidad, es tu dinero el que estás perdiendo	Tienes el desapego adecuado ya que no estás arriesgando
NO PUEDES vivir del trading, a no ser que pongas en riesgo un capital muy elevado	Puedes empezar a vivir del trading teniendo grandes cantidades de capital con el que operar, conseguir un 1% cada mes es suficiente
NO sabes por dónde empezar y dónde poner la mano	Te ayudamos con un camino paso a paso y profesionales a tu lado
NO tienes estrategias ganadoras	Le guiamos con formación y herramientas probadas

El citado esquema compara dos modalidades para operar en el universo del trading: el trading tradicional y el Prop Trading. Esta comparación está estructurada para señalar las diferencias clave entre estos dos enfoques, destacando los beneficios y desafíos de cada uno.

En el lado del "Trading", podemos encontrar los desafíos y limitaciones tradicionales del trader que trabaja con propios fondos. Estos desafíos incluyen la necesidad de invertir capital personal, el riesgo relacionado con esas inversiones y la falta de recursos y apoyo adecuado.

En el lado del "Prop Trading", la situación es muy diferente. Los Prop Firms ofrecen a los traders la oportunidad de trabajar con importantes capitales, ofreciendo capacitación, asistencia y herramientas. Esto reduce el riesgo personal del comerciante, porque no es su dinero. Por lo demás, la posibilidad de operar con grandes cantidades ofrece una perspectiva realista para obtener importantes rentabilidades, incluso con porcentajes de beneficio muy bajos.

Cómo tener una propiedad inmobiliaria en Milán, SIN: obtener un ROI superior al 1000% anual

¿Por qué es posible obtener un ROI superior al 1000% anual?

En el universo empresarial, el retorno de la inversión (ROI) es una métrica esencial para evaluar el beneficio de una operación.

Si abres una empresa, si alquilas un inmueble o cualquier tipo de actividad te da la medida de la inversión y el retorno económico.

Si bien un ROI del 10% o 20% se considera muy bueno en diferentes entornos de inversión, en el contexto de las Prop Firms es posible invertir cantidades mayores. Así obtuve un retorno de la inversión del 1904% en sólo un año y creo que cantidades similares son ideales para cualquiera que se acerque a los Prop Firms con la mentalidad y la formación adecuadas.

Empecé participando en un desafío de 100.000 cuentas, invirtiendo $499. Perdí el primero y compré el segundo invirtiendo otros $499. Perdí incluso el segundo desafío... ¡maldición!

No me di por vencido, y después de unas semanas compré el tercer desafío, invirtiendo otros $499... esta vez logré pasar tanto el paso 1 como el paso 2, recibiendo las credenciales de la cuenta Funded y un reembolso completo por la última tarifa pagada.

Habiendo perdido los dos primeros desafíos, mi inversión total fue de $998. Sin embargo, esta inversión me dio acceso a un capital comercial de 100.000, aunque las normas de esta Prop Firms limitaron las pérdidas a 12.000 euros, ¡un 12%!

Básicamente, pagué $998 por la posibilidad de hacer trading con un capital mucho mayor, sin arriesgar mi propio dinero.

Con este capital a mi disposición pude aprovechar mucho más eficazmente las oportunidades del mercado. Mensualmente logré generar unos ingresos medios de 1800 euros, acumulando un total de 20.000 euros en un año.

Esto representó un ROI del 1904% sobre mi inversión inicial.

Para obtener los mismos ingresos de una propiedad (alrededor de 1800 euros al mes) ¡habría tenido que invertir al menos 500.000 euros para comprar una propiedad en el centro de la ciudad!

La clave de este sorprendente retorno de la inversión radica en la estructura de Prop Firms. Ofrecen a los traders la oportunidad de operar con un capital significativo, lo que les permite amplificar las ganancias potenciales. De lo contrario, el riesgo se limita al coste inicial del desafío, protegiendo a los traders de pérdidas catastróficas.

En conclusión, los Prop Firms representan un *gateway* a un alto capital de trading con una baja inversión inicial. Si se hace correctamente, estas oportunidades pueden traducirse en un retorno de la inversión extraordinario, muy superior al que se puede lograr con los métodos de inversión tradicionales. Por eso, es posible alcanzar un ROI superior al 1000% anual con las estrategias adecuadas y una formación sólida.

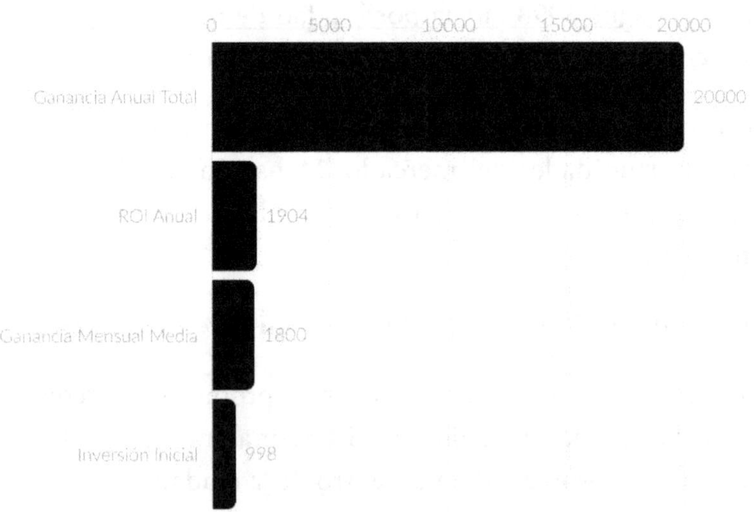

*Valores en dólares y porcentual

Inversión inicial: Representa el costo total de los desafíos con un valor de $998.

Ganancias Mensuales Promedio: Indica los ingresos mensuales promedio obtenidos, con un valor de 1800 dólares.

Ganancias Anuales Totales: Muestra las ganancias totales acumuladas en un año, con un valor de $20.000.

Annual ROI: Representa el retorno anual de la inversión, con un valor del 1904%.

CAPÍTULO 3:

El lado oscuro del Prop Firms Retail

El verdadero modelo del Business Model del Prop Firms Retail

Al contrario de lo que todo el mundo cree, las Retail Prop Firms no basan sus principales ganancias en los resultados obtenidos por los traders elegidos.

Por supuesto, PUEDE haber ganancias de esos traders exitosos; sin embargo, estas representan solo una pequeña fracción de sus ganancias totales y solo una pequeña porción de los accesorios que aplican.

La realidad es que la mayor parte de sus ingresos proviene de las tarifas pagadas por los traders que no superan los desafíos o que pierden su cuenta una vez que la obtienen.

Este modelo de trading explica por qué los desafíos son tan arduos y por qué, incluso una vez que se obtiene la cuenta, mantenerla a menudo se convierte en un desafío épico.

Las reglas impuestas por los Prop Firms, como el límite de retiro diario y el límite máximo de retiro, son las mínimas que pueden ocurrir.

A menudo existen reglas mucho más restrictivas, como la de coherencia, o sobre la inserción de stop loss en cada posición, porcentaje máximo, prohibiciones de uso, etc.

Estas reglas, incluso si parecen con el propósito de proteger el capital, en realidad son mecanismos astutos para garantizar que la mayoría de los traders no puedan mantener su cuenta a largo plazo.

Y los números hablan por sí solos. Ten en cuenta esto: sólo 1 de cada 1420 traders logran un primer pago. Esta asombrosa estadística resalta lo difícil que es no sólo obtener; sin embargo, también mantener una cuenta en una empresa de accesorios minoristas. ¡Esto no debería desmotivar, **sino explicarte aún más para poder empezar con la preparación adecuada para ganar en este camino!**

De hecho, la mayoría de los traders son improvisados y se aventuran en busca de fortuna sin estrategias ni formación real.

De hecho, no han leído este e-book y no son seguidos por profesionales.

Después de las controversias relacionadas con My Forex Fund, que profundizaremos en los capítulos siguientes, algunos Props, incluido "The Funded Trader", han tomado posiciones transparentes. Declararon que incluso los operadores financiados, los que superaron con éxito el desafío, en realidad operan en cuentas de demostración y que los pagos se proporcionan como compensación por proporcionar señales de trading. (como data provider)

La cuenta desenvuelta que se te entregó

Cuando una Prop Firm cuenta te ofrece una cuenta de **100.000**, puedes pensar que tienes un capital considerable disponible para tus operaciones de trading . Sin embargo, es fundamental comprender la naturaleza real de este relato. En realidad, el valor nominal de 100.000 puede resultar bastante engañoso.

Si te impones una pérdida máxima diaria del 5%, básicamente estás operando como si tuviera una cuenta de 5000 euros. Asimismo, tus operaciones reflejan la de una cuenta con un total de 10.000 euros con una Pérdida Máxima del 10%.

Esto significa que si bien tienes el apalancamiento, el margen y el capital basados en una cuenta de 100.000, el riesgo y la exposición se equilibran con mucho menos capital. Esta distinción es fundamental para gestionar tus operaciones y expectativas de forma adecuada y profesional.

Cómo elegir el Prop Firm con la que operar

Ya has probado cómo funciona el Prop Firm Retail y su modelo de negocio. Ahora es el momento de profundizar más y descubrir cómo elegir el Right Firm más adecuado para ti. Esta decisión es fundamental, ya que su elección podría determinar su éxito o fracaso en el mundo del trading.

Elegir el Prop Firm más adecuado no es fácil: elegir la que tiene las mejores reseñas online o la que ofrece las condiciones más atractivas. Es una decisión que requiere una evaluación exhaustiva de diferentes factores, cada uno de los cuales puede tener un impacto muy importante en su experiencia de trading.

Más adelante en este capítulo, exploramos una serie de criterios fundamentales que todo operador debe considerar antes de decidir con qué Prop Firm operar. Desde el modo de entrada hasta las restricciones de trading, desde el apalancamiento hasta la asistencia al cliente, cada aspecto tiene su propio peso y puede influir en su carrera en el trading.

Por lo tanto, equípate con paciencia y una mente abierta, y profundicemos en las características que hacen que una empresa de utilería sea la elección correcta para usted.

Modalidad de Ingreso (Con o Sin Reto): Algunos Prop Firms requieren que pases un desafío para acceder a las cuentas, mientras que otras te permiten acceder directamente pagando una tarifa, que suele ser mucho más alta que las que se obtienen a través de desafíos.

Parámetros del Desafío: A menudo, los desafíos se componen de una serie de criterios que deben enfrentarse. Estos pueden incluir el tiempo máximo y mínimo para pasar la verificación, la pérdida máxima diaria, la pérdida máxima y el objetivo de ganancias. Es fundamental comprender estos parámetros para saber si son razonables y reflejan su estilo de hacer trading. Entre estos parámetros también pueden existir otras restricciones a tener en cuenta caso por caso.

Precio: La tarifa por participar en el desafío o por acceder directamente a la cuenta puede variar. Un precio más bajo podría resultar en menos servicios o condiciones menos favorables. Sin embargo, un precio elevado no garantiza necesariamente un servicio de mayor calidad.

Reembolso de tarifa: Algunos Props te ofrecen un reembolso de la tarifa de participación durante el desafío, otros no. Además, algunos Props también te dan un porcentaje de las ganancias derivadas de la actuación realizada durante el desafío, otros no.

Provecho: El provecho es una herramienta que te permite operar con cantidades de dinero mayores que las que has depositado. Un mayor provecho puede amplificar tanto las potenciales ganancias como las pérdidas. Sin embargo, es esencial recordar que un alto provecho también puede aumentar el riesgo de pérdidas importantes.

Restricciones (noticias/fin de semana): Algunos Prop Firms imponen restricciones de trading durante los comunicados de noticias financieras o los fines de semana. Estas restricciones pueden afectar tu estrategia de trading, especialmente si depende de los eventos o noticias del mercado para tomar decisiones.

Uso de EA (Tutor Expertos): Los Tutor Expertos son programas que te permiten automatizar estrategias de trading. No todas los Prop Firms permiten el uso de estas herramientas, por lo que es importante marcar esta opción si planeas usarlas.

HFT Uso (High Frequency Trade): Algunos Props incluso autorizan el uso de bots prohibidos que superan el desafío en 30 segundos y sin mirar la pantalla. De esta manera la tasa de éxito es del 100%.

Plan de crecimiento interno: Algunos Prop Firms recompensan a los operadores exitosos aumentando el tamaño de su cuenta. Esto puede ser un incentivo muy importante para los traders que constantemente muestran un buen desempeño.

Fiabilidad/Seguridad/Retiros: La reputación y confiabilidad de un Prop Firm son esenciales. Es fundamental elegir una empresa que tenga un historial de integridad y que trate a los traders con respeto. Además, la facilidad y velocidad de los retiros son aspectos cruciales a considerar.

División de ganancias: Este criterio se refiere al porcentaje de ganancias que se te asignará una vez que empieces a operar con la cuenta real. Algunas empresas de utilería pueden ofrecer una división de ganancias más generosa que otras.

Plataforma utilizada: Los Prop Firms pueden ofrecer diferentes plataformas de trading. Es esencial asegurarse de que la plataforma ofrecida sea con la que te sientas más cómodo y que ofrezca todas las herramientas y funciones que necesitas.

Prueba gratis: La posibilidad de probar el desafío en una cuenta demo antes de pagar la tarifa puede ser una manera maravillosa de familiarizarse con la plataforma y las condiciones comerciales propuestas por los Prop Firm.

Suporte: Un servicio al cliente eficiente y receptivo puede marcar la diferencia, especialmente en los momentos más críticos. Es muy importante tener un punto de referencia confiable en caso de problemas o preguntas.

Retomar/repetir: Algunos Prop Firms ofrecen la posibilidad de volver a intentar el desafío de forma gratuita si no lo superas pero cumples ciertas condiciones. Esta opción puede ofrecer una segunda oportunidad a aquellos que están cerca de superar el desafío pero han cometido algunos errores.

Por lo tanto, elegir el Prop Firm adecuado requiere una evaluación cuidadosa de una serie de criterios. Tómate el tiempo justo para analizar cada aspecto y asegúrese de elegir el Prop Firm que mejor se adapte a tus necesidades y objetivos de trading.

Recuerde siempre investigar y no confiar únicamente en el precio o en promesas atractivas. La clave es encontrar un Prop Firm que ofrezca un equilibrio entre costos, servicios y condiciones de trading.

CAPÍTULO 4:

¿Cuáles son los Prop Firms sin desafío?

(para algunos Props encontrarás el enlace de descuento directamente haciendo clic en el título del párrafo de referencia)

En el capítulo anterior, exploramos el vasto e intrigante mundo de los Prop Firms, destacando cómo algunas de ellas ofrecen un camino único y distintivo: acceso a cuentas sin la necesidad de superar un desafío. Esta característica, si bien puede parecer atractiva a primera vista, requiere un conocimiento profundo para garantizar que se está tomando la decisión correcta.

En este nuevo capítulo, profundizaremos en este tema examinando los Prop Firms más reconocidos que ofrecen este método de acceso en particular. Analizaremos cada uno de ellos en detalle, revelando la dinámica interna, los pros y los contras y los diversos aspectos que pueden no ser inmediatamente visibles.

Nuestro objetivo es ofrecerte una descripción general clara y sin censura para que puedas tomar decisiones informadas y basadas en hechos concretos.

Instant Funding

Instant Funding, una galardonada empresa de utilería con sede en el Reino Unido, se ha establecido en el espacio educativo y de trading por cuenta propia, llegando a más de 25.000 comerciantes en más de 180 países en sólo 2,5 años.

Ofrece a los traders pagos semanales, con una división de ganancias de hasta el 90% y la capacidad de escalar hasta $2.5 millones usando un apalancamiento de 1:100. Un aspecto distintivo de Instant Funding es la ausencia de límites de tiempo o retiros diarios, junto con la aceptación de asesores expertos sesgados.

En su modelo de negociación de financiación instantánea, los traders disfrutan de una gran flexibilidad: no hay límites de tiempo, objetivos de ganancias ni reducciones diarias, y la división de ganancias varía entre el 70% y el 90%.

Además, la propuesta incluye modelos Monofásicos y Bifásicos, todos ideados para ofrecer reglas cristalinas y confianza.

La visión de Instant Funding se centra en proporcionar diferenciales brutos, comisiones competitivas y condiciones reales del mercado sin márgenes. Utilizan plataformas superiores como MT4 y MT5 y ofrecen cuentas de demostración y fondos virtuales para simular la experiencia de trading.

Su panel automatizado es una herramienta educativa muy poderosa que permite a los traders explorar datos en profundidad sobre sus propias estrategias, analizar el desempeño de diferentes instrumentos y evaluar su relación riesgo-recompensa.

Con estas características, Instant Funding se presenta como una opción perfecta para los traders que están buscando un socio confiable e innovador en el mundo del trading por cuenta propia.

Instant Funding	One-Phase	Two-Phase

Instant Funding

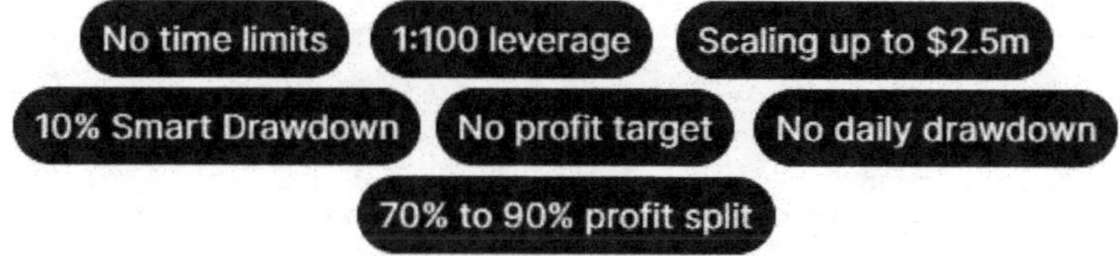

Account size	Price
$1,250	$79
$2,500	$120
$5,000	$225
$10,000	$440
$20,000	$870
$40,000	$1735
$80,000	$3460

Blue FX

Con un clic en el enlace abajo podrás acceder inmediatamente a tu cuenta eligiendo el monto que desees, pagando una suscripción de mantenimiento por mes.

Subscriptions | Swap-free

Funding for traders.

	Mini Lite Package	Lite Package	*PRO* Package	*Super PRO* Package
Funding Capital	$10,000	$25,000	$50,000	$100,000
Max Buying Power	$30,000	$75,000	$150,000	$300,000
Withdrawal Target	$500	$1250	$2500	$5000
Max Drawdown	$1,000	$2,500	$5,000	$10,000
Rapid Growth	⊗	⊗	Up to $1 Million	Up to $1 Million
Steady Growth	⊗	⊗	Up to $1 Million	Up to $1 Million
Trading Hours	6am - 9pm UTC	6am - 9pm UTC	24 hours	24 hours
Trading Loss Liability	Zero loss liability	Zero loss liability	Zero loss liability	Zero loss liability
Profit Split	50/50	50/50	50/50	50/50
Withdrawal Schedule	Daily	Daily	Daily	Daily
Trading Platform	CTRADER	CTRADER	CTRADER	CTRADER
Trading Products	29 Pairs	29 Pairs	29 Pairs	29 Pairs
Overnight Position	✓	✓	✓	✓
Trading Support	✓	✓	✓	✓
Joint Hedging	⊗	⊗	⊗	⊗
	$99	$159	$369	$1,099
	Get funded	Get funded	Get funded	Get funded

Entiendo totalmente el entusiasmo que puede surgir ante la idea de pagar una tarifa de $1099 y tener acceso inmediato a una cuenta de

$100.000. Es un sueño, ¿verdad? Sin embargo, como suele ocurrir, detrás del oro puede que sólo haya brillo. Antes de lanzarnos a esta aventura, es fundamental hacer una pausa y reflexionar sobre algunos aspectos cruciales.

Comencemos con el provecho. Mientras te preparas para operar, ¿te has preguntado qué provecho se ofrece realmente? ¿Y cuáles son las reglas específicas de la cuenta? Y nuevamente, ¿cómo y cuándo se pueden realizar retiros? Estos detalles, que podrían parecer secundarios, en realidad son fundamentales para evaluar si la oferta es realmente ventajosa.

Mira el Prop en cuestión BluFX. Ofrece un provecho de 1:3, como puedes verificar fácilmente consultando las preguntas frecuentes o las reglas en su sitio. Con un provecho de 1:3 en una cuenta de $100.000, tienes la capacidad de mover hasta $300.000. Sin embargo, pongamos esto en perspectiva: estás pagando $1099 para tener esta capacidad.

Ahora, imagine depositar estos $1099 en un corredor que ofrece un provecho de 1:500. Podrías mover hasta $549.500. Y si tuvieras una cuenta de 100.000$ con un provecho de 1:100, como ofrecen muchos Prop Firms, tendrías el poder de mover un total increíble de 10 millones de euros. Sí, has leído bien, ¡diez millones!

Reflexionando sobre estos números, resulta evidente que, si bien puede parecer que está operando con una cuenta enorme, en términos prácticos puedes tener menos poder del que tendría con una cuenta personal de tamaño mucho más modesto y pagando una tarifa por el privilegio.

Otro aspecto imprescindible a considerar es la división de ganancias, o "División de ganancias". Si un Prop Firm te ofrece, por ejemplo, un reparto de beneficios del 50%, como es el caso de BluFX, significa que la mitad de tus ganancias irá a parar a la empresa. Este es un detalle que nunca debes pasar por alto, ya que afecta directamente tu potencial de ingresos.

Sin embargo, no nos detengamos aquí. Podemos explorar otros Prop Firms que ofrecen acceso sin desafío y ver si hay opciones más ventajosas que la que acabamos de analizar.

FundYourFX

FundYourFX se diferencia de las otras herramientas al ofrecer un provecho de 1:100, lo que presenta a los traders una variedad de opciones en tres programas distintos.

El primer programa, llamado "Starter", requiere una tarifa de £197 y, a cambio, proporciona a los traders un capital de $6.000 para operar. Para los que buscan un mayor potencial de trading, FundYourFX ofrece el programa "Estándar", que por una tarifa de £297 ofrece un capital de trading de $15.000.

Para los traders más experimentados o los que quieran acceder a aún más capital, existe un programa "Profesional". Con una tarifa de £577, los traders reciben un impresionante capital de $30.000.

Otro aspecto interesante de FundYourFX es el sistema de reembolso de tarifas. Una vez que un trader alcanza una tasa de ganancia del 10% al menos cinco veces, se reembolsa la tarifa inicial.

Esto significa que, manteniendo un rendimiento constante y rentable, la tarifa inicial pagada se convierte efectivamente en una inversión que será reembolsada, incentivando aún más a los traders a buscar excelentes resultados.

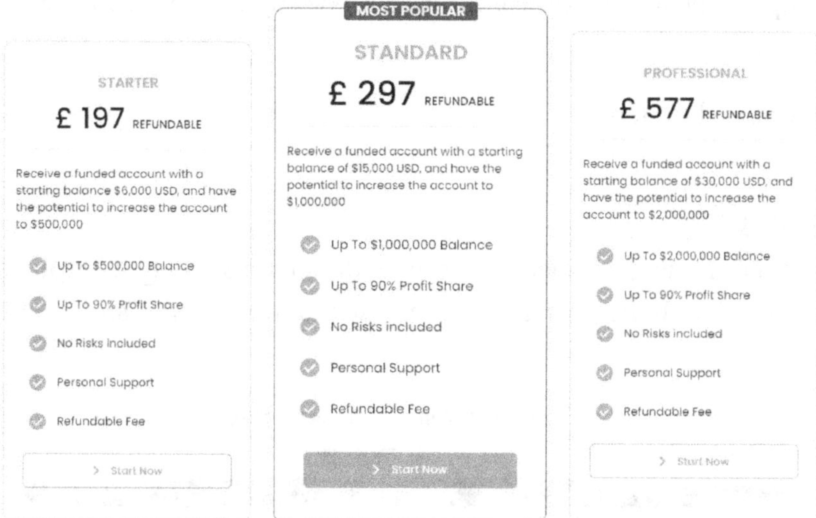

FundYourFX se destaca en el panorama de Prop Firms por su flexibilidad en las reglas comerciales.

De hecho, la plataforma te permite operar durante los anuncios de noticias, cubrir las posiciones y, además, no impone restricciones para mantener posiciones abiertas durante el fin de semana o las horas nocturnas.

Si eres un entusiasta de la automatización, te complacerá saber que FundYourFX admite el uso de Tutor Expertos (EA), pudiendo implementar tus propias estrategias automatizadas.

Otro punto fuerte es el criterio de escalabilidad: para avanzar y obtener una ampliación de capital basta con alcanzar un beneficio del 10%. Para poner las cosas en perspectiva, si un trader empieza con una cuenta de $15.000 y logra una ganancia del 10% en su primer mes, FundYourFX, después de dividir las ganancias, aumentará su capital a $22.500 en un par de días. Este sistema recompensa claramente el desempeño positivo y ofrece un incentivo tangible para sobresalir en el trading.

Link por el descuento.

The 5%ers

The 5%ers tiene dos líneas diferentes de cuentas, las que se pueden obtener al aprobar el desafío y las que se pueden obtener sin él.

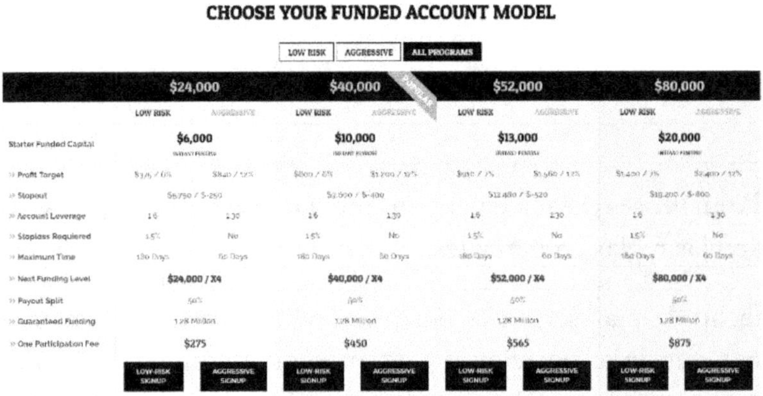

CHOOSE YOUR FUNDED ACCOUNT MODEL

LOW RISK | AGGRESSIVE | ALL PROGRAMS

	$24,000		$40,000		$52,000		$80,000	
	LOW RISK	AGGRESSIVE	LOW RISK	AGGRESSIVE	LOW RISK	AGGRESSIVE	LOW RISK	AGGRESSIVE
Starter Funded Capital	$6,000		$10,000		$13,000		$20,000	
» Profit Target	[illegible]	[illegible]	[illegible]	$1,200 / 12%	[illegible]	$1,560 / 12%	$1,400 / 7%	$2,400 / 12%
» Stopout	$5,750 / $-250		$9,600 / $-400		$12,480 / $-520		$19,200 / $-800	
» Account Leverage	1:6	1:30	1:6	1:30	1:6	1:30	1:6	1:30
» Stoploss Required	1.5%	No	1.5%	No	1.5%	No	1.5%	No
» Maximum Time	180 Days	60 Days	180 Days	60 Days	180 Days	60 Days	180 Days	60 Days
» Next Funding Level	$24,000 / X4		$40,000 / X4		$52,000 / X4		$80,000 / X4	
» Payout Split	50%		50%		50%		50%	
» Guaranteed Funding	1.28 Million		1.28 Million		1.28 Million		1.28 Million	
» One Participation Fee	$275		$450		$565		$875	
	LOW-RISK SIGNUP	AGGRESSIVE SIGNUP	LOW-RISK SIGNUP	AGGRESSIVE SIGNUP	LOW-RISK SIGNUP	AGGRESSIVE SIGNUP	LOW-RISK SIGNUP	AGGRESSIVE SIGNUP

El Programa Aggressive Trader de esta plataforma está ideado para los que buscan oportunidades de rápido crecimiento y están listos para involucrarse con objetivos ambiciosos.

De hecho, el programa prevé un objetivo de beneficio bien definido del 25% para duplicarlo, o más bien para el llamado "escalamiento X2". Una vez que alcance una ganancia del 25% sobre su capital inicial, esto significa que tendrá la posibilidad de duplicar su capital comercial. Es una perspectiva atractiva, que premia a quienes logran obtener altos rendimientos.

Al mismo tiempo, existe otro objetivo de beneficio más moderado, fijado en el 12%. Esto podría representar una meta intermedia o para los que prefieren un enfoque más cauteloso o que simplemente desean alcanzar un objetivo más inmediato antes de aspirar a duplicar su capital.

En cuanto al provecho, el Aggressive Trader Program ofrece un apalancamiento de hasta 1:30. Esto significa que por cada dólar (u otra moneda) depositado, un trader tiene la capacidad de negociar una posición con un valor de hasta 30 veces esa cantidad.

Aunque no es el provecho más alto disponible en el mercado, aún ofrece una buena flexibilidad, lo que le permite amplificar las ganancias potenciales; sin embargo, también, las pérdidas potenciales. Por lo tanto, es esencial que los traders sean conscientes de los riesgos asociados y operen con prudencia.

FTUK

Una vez inscritos en el programa de financiación instantánea, los traders reciben un tamaño de cuenta que puede oscilar entre $14.000 y $90.000.

Una de las características distintivas de este programa es su escalabilidad. Los traders no están limitados al tamaño inicial de su cuenta; de hecho, FTUK ofrece una rápida oportunidad de provecho, permitiendo a los traders aumentar el tamaño de su cuenta hasta la impresionante cifra de $5.760.000. Esto ofrece un enorme potencial de crecimiento para los traders que constantemente muestran un buen desempeño.

Aquí está el link

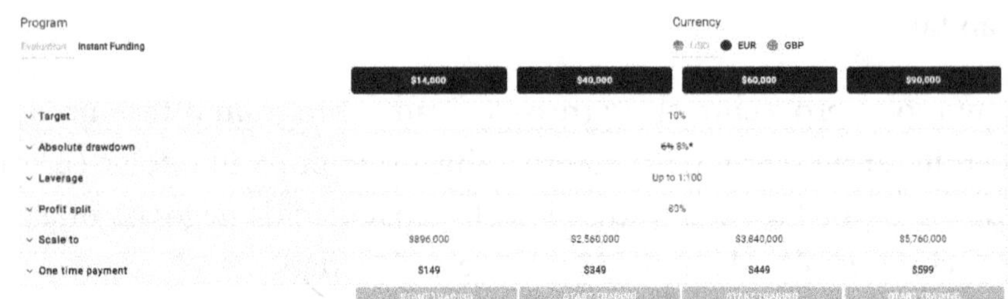

CAPÍTULO 5:

Prop Firms con el desafío

(Para algunos Prop encontrarás el enlace de descuento directamente haciendo clic en el título del párrafo de referencia.)

Pasemos a los Prop que implican superar un desafío.

En general, optar por el modo desafío es la opción más conveniente.

La implementación de este riguroso criterio de entrada nos permite dar la bienvenida sólo a unos pocos traders cuidadosamente seleccionados que, una vez admitidos, disfrutan de importantes ventajas.

Un aspecto crucial a destacar es que, en caso de superar el Reto, la Tasa pagada se reembolsa íntegramente. Varios Props también ofrecen una parte de las ganancias obtenidas durante la fase de aprobación, además del reembolso de la tarifa del desafío.

Ahora bien, ¿cuáles son los Props más consolidados en el tiempo?

A continuación encontrará una infografía que le permitirá identificar rápidamente Props con una larga trayectoria.

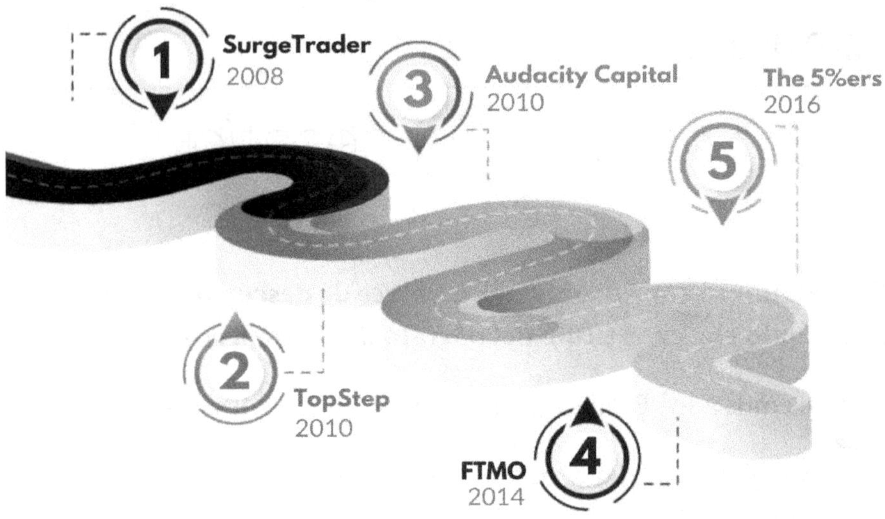

Si llevas un tiempo sumergido en el universo del Prop Trading, es posible que hayas pensado que FTMO era el Prop con más historia, pero ese no es el caso.

Aunque FTMO (que analizaremos en las próximas partes de este ebook) se ha consolidado como líder en el sector gracias a su seriedad, fiabilidad y enormes inversiones en comunicación y marketing, son muchos los Props que vieron la luz antes que FTMO.

FTMO

FTMO, fundada en 2014, se ha establecido inmediatamente como una de las figuras líderes en el panorama minorista del Prop Trading. Esta empresa, con oficina legal en Europa, se ha ganado una sólida reputación online, convirtiéndote en un punto de referencia para muchos traders de todo el mundo.

Una de las características más distintivas de FTMO es su reconocido desafío, un proceso de selección dividido en dos pasos principales: el desafío inicial y la verificación posterior. Este camino fue diseñado para evaluar las habilidades y la resiliencia de los comerciantes, garantizando que solo los más merecedores tengan acceso a los fondos de la empresa.

Después de superar con éxito ambas etapas, los traders pueden operar con una cuenta del tamaño elegido al principio, que puede variar entre 10.000 y 200.000 dólares. Sin embargo, la cosa no acaba aquí: con dedicación y resultados positivos, es posible escalar aún más hasta alcanzar la cifra de 2 millones de dólares, siguiendo un plan bien definido.

En términos de participación en los beneficios, FTMO es extremadamente generoso y le da al trader el 80% de los beneficios generados. Sin embargo, con experiencia y demostración de habilidad constante, hay un plan de crecimiento que puede llevar al trader para obtener hasta el 90% de las ganancias.

En cuanto a la gestión de riesgos, FTMO ha establecido límites de disposición del 5% diario y del 10% global. Si un trader está dispuesto a asumir mayores riesgos, puede optar por el plan de riesgo agresivo, que viene con límites de retiro del 10% por día y del 20% en total. En este caso, el objetivo de beneficio se duplica, pasando del 10% al 20%.

Durante el primer paso de evaluación, el trader pretende generar una ganancia del 10% en un período de 30 días, operando durante al menos 10 días. Los límites de pérdidas se establecen en un 5% diario y un 10% global. Una vez superada esta fase se pasa a la segunda, donde los límites se mantienen sin cambios, pero el objetivo de beneficio se reduce al 5%, a alcanzar en un plazo de 60 días, operando durante al menos 10 días.

FTMO se ha ganado la confianza de muchos traders debido a su transparencia y principios concretos con un enfoque centrado en el comerciante.

Aquí está el link

True Forex Funds

True Forex Funds se ha establecido rápidamente como una de los Prop Firms de más rápida evolución en el panorama del Prop Trading. Aunque no tiene una historia tan larga como otras empresas, se ha ganado una reputación muy concreta gracias a su misión innovadora, combinando tecnología de vanguardia con soluciones modernas para traders deseosos de progresar en sus carreras.

El programa de financiación de True Forex Funds ofrece a los operadores la oportunidad de obtener hasta $400.000 una vez que pasan un proceso de evaluación de dos etapas. Este enfoque garantiza que sólo los operadores más capaces y fiables tengan acceso a los fondos de la empresa.

Los traders que cooperan con True Forex Funds pueden esperar una división de ganancias extremadamente generosa. De hecho, reciben el 80% de los beneficios generados, pudiendo aumentar este porcentaje hasta el 90% en determinadas condiciones. La plataforma es compatible con MetaTrader 4 y MetaTrader 5, lo que ofrece flexibilidad y una amplia gama de herramientas de trading.

El proceso de evaluación se divide en dos fases. En la primera fase, los traders deben alcanzar un objetivo de ganancias del 10% en un plazo de 30 días, negociando durante al menos 10 días, con límites de pérdida diaria y general establecidos en el 5% y el 10% respectivamente. Una vez finalizada y superada esta fase, podemos pasar a la segunda, donde el objetivo de beneficio se reduce al 5%, a alcanzar en un plazo de 60 días.

True Forex Funds también se destaca por sus ventajosas condiciones de trading, ya que se ha asociado con varios proveedores de liquidez e intercambios de criptomonedas confiables. Esto, combinado con sus objetivos de ganancias fácilmente alcanzables y sus pagos quincenales regulares, hace que True Forex Funds sea una opción atractiva para los operadores de todo el mundo.

Aquí está el link

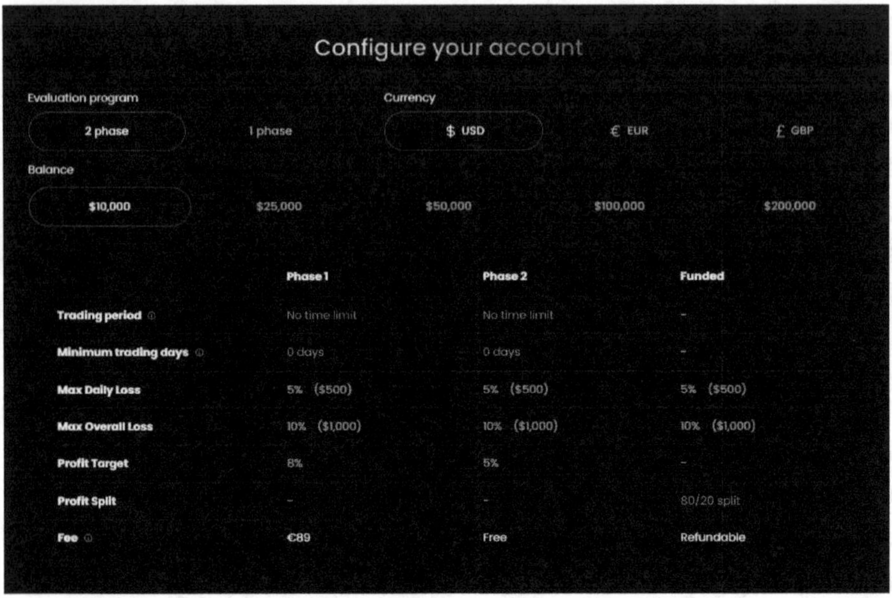

Configure your account

Evaluation program: 2 phase | 1 phase

Currency: $ USD | € EUR | £ GBP

Balance: $10,000 | $25,000 | $50,000 | $100,000 | $200,000

	Phase 1	Phase 2	Funded
Trading period	No time limit	No time limit	-
Minimum trading days	0 days	0 days	-
Max Daily Loss	5% ($500)	5% ($500)	5% ($500)
Max Overall Loss	10% ($1,000)	10% ($1,000)	10% ($1,000)
Profit Target	8%	5%	-
Profit Split	-	-	80/20 split
Fee	€89	Free	Refundable

The 5%ers

Como se declaró en el segundo capítulo anterior, los 5%ers, más allá de proporcionar cuentas que se pueden obtener sin desafíos, también ofrecen cuentas accesibles sólo a través de desafíos.

Esta empresa se presenta como un programa único de Prop Trading, diseñado específicamente para comerciantes que buscan oportunidades de alto riesgo y alta recompensa. Esta plataforma ofrece un programa de evaluación de dos etapas, destinado a identificar y financiar a los traders más talentosos.

El proceso empieza con una fase de evaluación en una cuenta demo. Durante la primera etapa, los traders deben alcanzar un objetivo de ganancias del 8% sin exceder un límite de pérdida diaria del 5% o un límite de pérdida general del 10%. Una vez pasada esta fase, los traders pasan a la segunda, donde el objetivo de beneficio se reduce al 5%; sin embargo, los límites de riesgo siguen siendo los mismos.

Hablando de división de ganancias, the5%ers ofrece una de las divisiones más generosas de la industria, con una división que va del 80% al 100% para el trader. Además, existe un programa de crecimiento bien planificado: por cada 10% de beneficio generado en la cuenta financiera, el saldo de la cuenta y el reparto de beneficios aumentan según una tabla específica. Esto puede llevar a que los traders obtengan hasta el 100% de las ganancias, así como acceso a planes de crecimiento que permitan a los traders con mayor rendimiento administrar cuentas de $4 millones.

La plataforma es compatible con MetaTrader 5 y ofrece un provecho de 1:100. Los traders pueden operar con diferentes clases de activos, incluidos pares de divisas, metales e índices. Aquí está el link

Account Balance	Maximum Loss (4%)	Profit Target (5%)	Payout Ratio
Start $100k	$4.000	$5.000	50/50
$125k	$5.000	$6.250	75/25
$150k	$6.000	$7.500	75/25
$175K	$7.000	$8.750	75/25
$200K	$8.000	$10.000	75/25
Start $250K	$10.000	$12.500	50/50*
$275K	$11.000	$13.750	75/25
$300K	$12.000	$15.000	75/25
$350K	$14.000	$17.500	75/25
$400K	$16.000	$20.000	75/25
$500K	$20.000	$25.000	75/25
$750K	$30.000	$37.500	75/25
$1M	$40.000	$50.000	75/25
$1.5M	$60.000	$75.000	75/25
$2M	$80.000	$100.000	80/20
$2.5M	$100.000	$125.000	100/0
$3M	$120.000	$150.000	100/0
$3.5M	$140.000	$175.000	100/0
$4M	$160.000	$200.000	100/0

*** Traders who started at $100K continue at a 75/25 ratio on this level.5**

Savius

Savius LLC surge en la visión de Prop Trading como un Prop Firm que se destaca por su versatilidad y las múltiples oportunidades que ofrece a los traders. La empresa ha creado programas de desafío bien planificados, como el "Challenge Limitless" y el "Fearless Challenge". Mientras que el "Challenge Limitless" se basa en una evaluación de dos fases que promete ganancias concretas, el "Fearless Challenge" va más allá, proporcionando a los operadores un capital inicial de hasta 500.000 dólares. Este último desafío permite a los traders operar con un nivel de capitalización que excede los estándares típicos, abriendo las puertas a oportunidades de trading de alto nivel.

Novedades 2024: este año Savius ha planificado la oferta de una forma diferente, introduciendo increíbles innovaciones.

El mercado de referencia ha pasado a ser únicamente el de los Futures (y ya no los CFD y Forex)

Además, se ha introducido el nuevo Desafío "Game Changer" en el que "solo pagas si apruebas", como se afirma en el sitio web de la empresa.

Básicamente, el coste se divide en 2 partes, una pequeña parte para absorber el "coste" del servicio (80 euros) y el resto (499 y más) cuando se supera el desafío, para tener acceso a la cuenta financiada.

Además de capital y oportunidades de ingresos, Savius ofrece a sus traders una serie de ventajas adicionales. Estos incluyen acceso a herramientas y recursos, flexibilidad en las decisiones de trading y apoyo educativo continuo para mejorar las habilidades y el rendimiento. A pesar de las muchas oportunidades, es fundamental que los traders sean conscientes de los riesgos asociados con el trading y consideren cuidadosamente si Savius es la opción correcta para ellos.

Aquí está el link

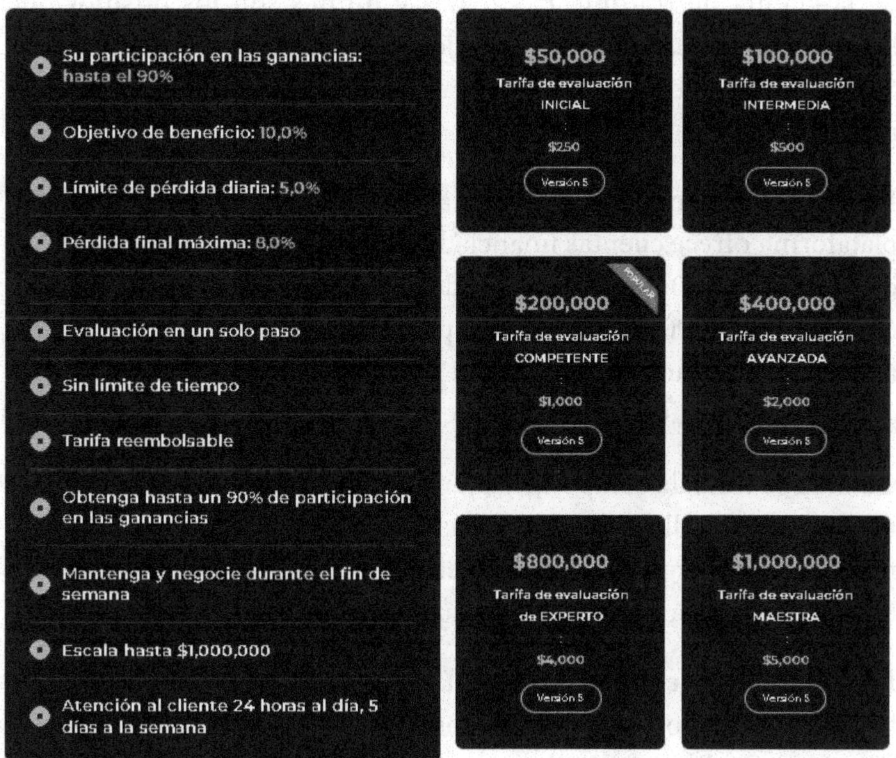

T4T Capital

En el panorama del Prop Trading, T4T Capital, también conocido como T4TCapitalFM, surge ofreciendo a los traders una oportunidad única: demostrar sus habilidades a través de desafíos específicos. Esta plataforma ha adoptado un enfoque de no intervención para acceder a financiación: si sabe cómo operar, puede probarlo. Este principio está plasmado en su "Desafío de financiación", concebido como una prueba de las habilidades del trader.

El "Desafío de financiación" funciona como una cuenta de demostración; de hecho, con el objetivo de reflejar las condiciones reales de la cuenta de trading. Las reglas y límites son los mismos que los de una cuenta real, con el objetivo de lograr una ganancia del 8% del saldo inicial, respetando las reglas y límites de trading bien planificados.

Hablando del tamaño de la cuenta, T4T Capital no decepciona. La plataforma ofrece cuentas financiadas que comienzan desde una base de USD $100.000 y pueden extenderse hasta la impresionante cantidad de USD $1.000.000. Además, para los que pretenden expandirse aún más, existe un plan de escala que podría hacer que los traders gestionen hasta 1.000.000 de dólares estadounidenses.

Cuando se trata de compartir ganancias, la plataforma sugiere que los traders podrían llevarse a casa hasta el 90% de las ganancias generadas. Sin embargo, lamentablemente no existen características más específicas sobre cómo esto se traduce en la práctica.

En términos de gestión de riesgos, la plataforma no proporciona detalles claros sobre los límites de disposición. Del mismo modo, si bien el "Funding Challenge" fija claramente un objetivo de beneficio del 8% del saldo inicial, no se detallan otros objetivos ni expectativas.

En conclusión, cuando hablamos de reputación online, T4T Capital pone énfasis en la transparencia y la integridad. Sin embargo, como siempre, es esencial que los traders realicen otras investigaciones para tener una visión clara de la posición de T4T Capital en el mercado de Prop Trading.

Compare Evaluation Amount:

$50,000 $100,000 $200,000 $400,000 $800,000 $1,000,000

$50,000	Evaluation	Live T4T Trader
Trading Period	Unlimited	Unlimited
Minimum Trading Days	5	N/A
Max Weekly Drawdown	$2,500	$2,500
Max Trailing Drawdown	$4,000	$4,000
Profit Target	$4,000	N/A
Refundable Fee	$250	N/A

TopStep

Fundada en 2012, TopStep se ha centrado principalmente en el trading de **futures**, lo que permite a los traders negociar varias clases de activos como acciones, materias primas y bonos. Si bien los traders pueden quedarse con hasta el 90% de las ganancias, el tamaño máximo de cuenta ofrecido es de $150.000.

A partir de 2022, han decidido excluir Forex para nuevos usuarios. Su desafío, conocido como "combinación de trading", se divide en dos fases de prueba.

Este desafío no tiene límite de tiempo definido; sin embargo, requiere que los participantes paguen una tarifa mensual hasta lograr el objetivo.

En la primera fase, los traders deben aspirar a un objetivo de ganancias del 6%, manteniendo un límite de pérdida diaria del 2% y una reducción general del 4%, con el requisito de operar durante al menos 5 días. Al pasar a la segunda fase, todo se reinicia y los traders deben volver a alcanzar el objetivo de beneficio del 6%, respetando los límites de pérdidas y de reducción iguales a los de la primera fase. Sin embargo, una restricción adicional presente en la segunda etapa es la prohibición del trading durante las principales publicaciones económicas, lo que complica aún más el desafío.

TopStep también ofrece una variedad de plataformas de trading, incluidas TSTrader, NinjaTrader y TradingView, y proporciona un programa con varios planes basados en el desafío con una cuenta de trading que puede alcanzar hasta 150K y una división de ganancias que hace que el operador gane hasta un 90%.

Lux Trading Firm

Lux Trading Firm ofrece a los traders la oportunidad de demostrar sus habilidades comerciales y, cuando superen su desafío, acceder a cuentas financiadas de hasta USD 10.000.000. El desafío consta de tres etapas principales: demostrar que se puede obtener un 6% de ganancia, mostrando una gestión del riesgo al no perder más del 5% y, una vez superadas estas etapas, el trader puede comenzar a ganar con un 75% de ganancia en las operaciones ganadoras.

Hablando de tamaños de cuentas, Lux Trading Firm ofrece varias opciones de valoración, desde una cuenta de valoración de $25.000 hasta una cuenta de $1.000.000. Una vez superado el análisis, los traders pueden crecer a través de diferentes fases, con el objetivo final de alcanzar una cuenta de $10.000.000. La escalabilidad está claramente definida, con cuentas capaces de crecer a través de 6 a 9 etapas, dependiendo de la dimensión inicial de la cuenta.

El reparto de beneficios varía según la etapa. Durante las etapas de evaluación y avanzada, los traders reciben un reembolso de comisión del 50%. En las fases posteriores, la participación en las ganancias del trading es del 75%. En términos de gestión de riesgos, existe un límite de retiro claro para cada etapa, que varía según el tamaño de la cuenta.

Los objetivos de beneficios también están claramente definidos para cada etapa. Por ejemplo, para una cuenta de valoración $200.000; el objetivo de ganancias es de $12.000 (6%). No existe un límite de tiempo máximo para alcanzar el objetivo de ganancias en ninguna parte de las etapas.

Aquí está el link

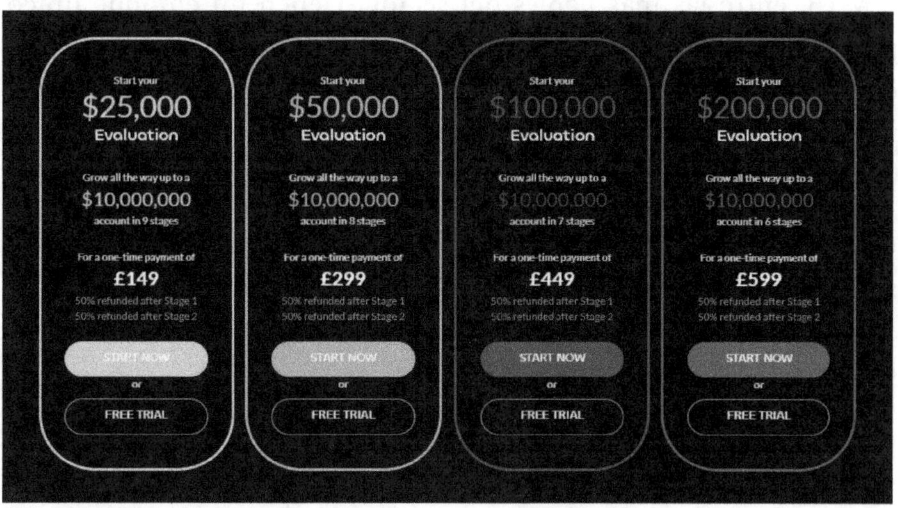

E8 Funding

E8 Funding se presenta como una plataforma que ofrece oportunidades innovadoras para los traders de Forex de todo el mundo. Su principio fundamental no es simplemente ser una simple empresa, sino ser traders apasionados por descubrir talentos ocultos en su comunidad. Han desarrollado programas de evaluación únicos y plataformas de trading accesibles, que permiten a los traders aprender, ganar y comerciar desde cualquier parte del mundo.

Con respecto a los detalles específicos sobre el desafío o el proceso de selección, E8 Funding ofrece un proceso de evaluación de dos pasos, después del cual los traders pueden acceder al tamaño de cuenta de su elección, ganando mientras operan con E8. No se requieren días mínimos de negociación para la evaluación y el primer pago es posible después de 8 días cuando se convierte en operador E8.

En cuanto al tamaño de las cuentas, E8 Funding ofrece una cuenta inicial con un saldo máximo de $300.000, que se puede ampliar hasta más de $1,0 millón. La plataforma utilizada para operar es MT4 y MT5, entre las más fiables del sector. Tienen un enfoque único para la gestión de riesgos, permitiendo a los traders escalar su reducción general hasta un 14% a través de un programa de escalamiento innovador.

Hablando de participación en las ganancias, los traders pueden quedarse con el 80% de sus ganancias y recibir un reembolso completo de sus comisiones. La gestión de riesgos se enfatiza aún más a través de su programa de escalado, que aumenta la reducción en un 1% cada vez que gana, hasta un máximo del 14%.

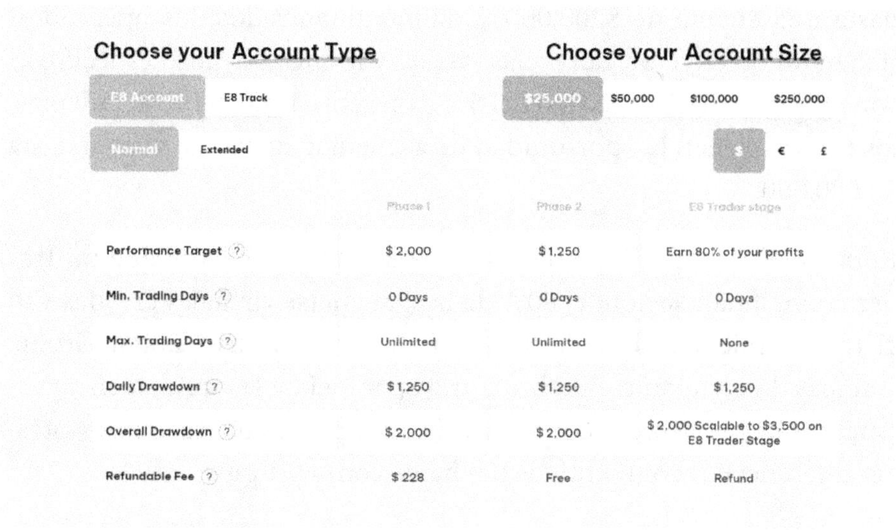

Choose your Account Type

E8 Account | E8 Track

Normal | Extended

Choose your Account Size

$25,000 | $50,000 | $100,000 | $250,000

$ | € | £

	Phase 1	Phase 2	E8 Trader stage
Performance Target ?	$ 2,000	$ 1,250	Earn 80% of your profits
Min. Trading Days ?	0 Days	0 Days	0 Days
Max. Trading Days ?	Unlimited	Unlimited	None
Daily Drawdown ?	$ 1,250	$ 1,250	$ 1,250
Overall Drawdown ?	$ 2,000	$ 2,000	$ 2,000 Scalable to $3,500 on E8 Trader Stage
Refundable Fee ?	$ 228	Free	Refund

Alpha Capital Group

Alpha Capital Group es una empresa comprometida a ofrecer a los traders las herramientas y recursos necesarios para lograr el éxito en el mercado de divisas. Su plataforma proporciona análisis de cuenta avanzado y un diario de trading personalizado, al permitir a los traders evaluar en profundidad su desempeño e identificar áreas de mejora.

En términos del Desafío o proceso de selección, la financiación de Alpha Capital Group se desarrolla en dos etapas. En la Fase 1, los traders tienen el desafío de alcanzar un objetivo de ganancias virtual del 8% sin exceder el límite máximo de reducción y sin ventaja de tiempo. Una vez que se logra este objetivo, los comerciantes pasan a la Fase 2, donde el objetivo de beneficio virtual es del 5%. Después de pasar ambas fases, los comerciantes reciben financiación.

Cuando se trata de dimensiones de la cuenta, Alpha Capital Group ofrece varias opciones, que van desde una cuenta Alpha Pro de $10.000

hasta una cuenta de $200.000. Una vez financiados, los operadores tienen un objetivo de ganancias virtual y límites de retiro específicos, con un retiro diario máximo del 5% y un retiro total del 10%. Además, los traders tienen la oportunidad de aumentar su capital virtual hasta $2.000.000.

En términos de participación en las ganancias, una vez que un trader recibe financiación, el 80% de las ganancias virtuales creadas van al trader, mientras que el 20% restante va a Alpha Capital Group. Además, la compañía enfatiza la transparencia y la equidad en su estructura de precios, sin cobrar comisiones por las operaciones y ofrecer diferenciales competitivos tan bajos como 0.1 pips.

La gestión de riesgos es un aspecto clave de la propuesta de valor de Alpha Capital Group. Además de las limitaciones de reducción, la compañía también ofrece revisiones de riesgo individuales para los traders que no aprobaron dos evaluaciones, ofreciéndoles orientación y soporte personalizados.

En cuanto a los objetivos de ganancias y los tiempos esperados para alcanzarlos, como se cita, los traders tienen que alcanzar objetivos de ganancias virtuales específicos en las dos etapas del desafío sin límite de tiempo. Una vez financiados, los traders pueden empezar a generar ganancias virtuales y solicitar su pago cada dos semanas.

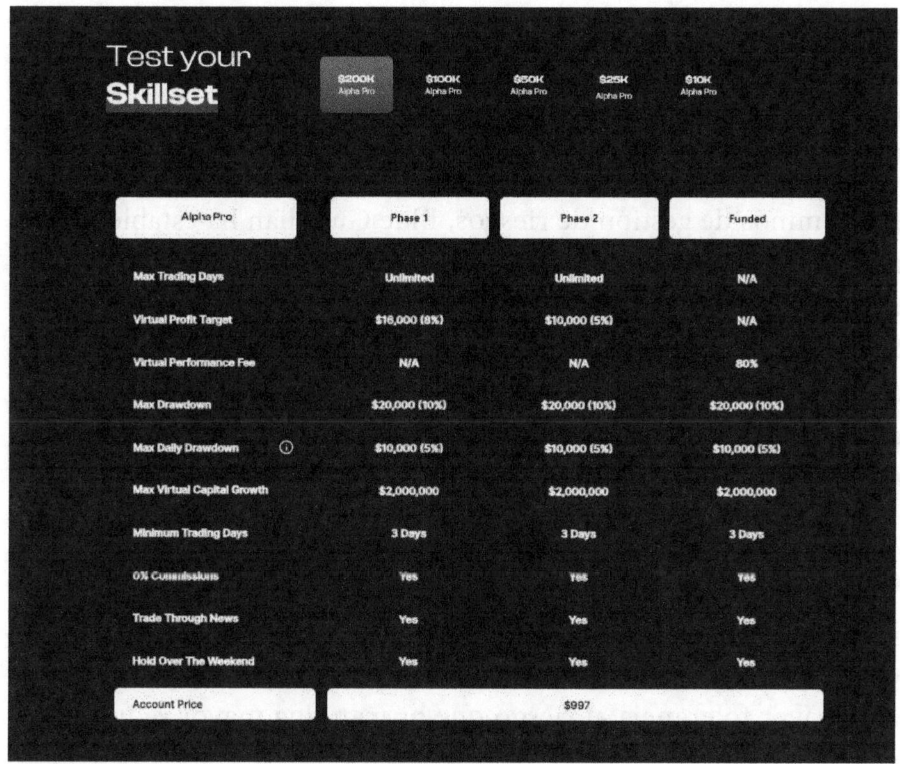

Alpha Pro	Phase 1	Phase 2	Funded
Max Trading Days	Unlimited	Unlimited	N/A
Virtual Profit Target	$16,000 (8%)	$10,000 (5%)	N/A
Virtual Performance Fee	N/A	N/A	80%
Max Drawdown	$20,000 (10%)	$20,000 (10%)	$20,000 (10%)
Max Daily Drawdown	$10,000 (5%)	$10,000 (5%)	$10,000 (5%)
Max Virtual Capital Growth	$2,000,000	$2,000,000	$2,000,000
Minimum Trading Days	3 Days	3 Days	3 Days
0% Commissions	Yes	Yes	Yes
Trade Through News	Yes	Yes	Yes
Hold Over The Weekend	Yes	Yes	Yes
Account Price	$997		

Blue Guardian

Este Prop Firm ofrece varios tamaños de cuenta para evaluación, incluidos $10.000, $25.000, $50.000 y $100.000. Una característica distintiva de Blue Guardian es que no imponen una fecha límite para su evaluación, lo que significa que los operadores pueden mantener sus cuentas durante el tiempo que sea necesario para superar el desafío.

En cuanto a la ampliación, una vez que un trader se vuelve rentable mes tras mes, Blue Guardian ofrece la oportunidad de aumentar el saldo de la cuenta según su plan de ampliación. En términos de división de ganancias, Blue Guardian ofrece una sorprendente división de ganancias del 85% a los traders. Una vez financiado, esto significa que los traders pueden obtener hasta el 85% de las ganancias que obtengan.

En términos de gestión de riesgos, Blue Guardian ha establecido límites claros de reducción y pérdidas diarias. Por ejemplo, en una cuenta de $100.000, sólo puede ser pirateada si cae por debajo de $92.000, lo que representa una pérdida máxima del 8%. La pérdida máxima diaria se fija en el 4% del saldo inicial. Los objetivos de ganancias para el Paso 1 y el Paso 2 de la evaluación son del 8% y el 4%, respectivamente.

City Traders Imperium

El Prop Firm ofrece varios programas de financiación, incluido un programa de financiación de dos pasos perfecto para traders con mayor tolerancia al riesgo que buscan una mayor reducción y provecho.

También existe un programa de financiación instantánea de un solo paso, adecuado para todos los estilos traders de riesgo moderado que buscan flexibilidad y crecimiento exponencial.

En conclusión, ofrecen un programa de financiación directa que permite a los traders saltarse el primer nivel de la etapa de financiación instantánea y obtener acceso a los pagos de inmediato.

Los traders pueden acceder a cuentas financiadas con hasta el 100% de participación en las ganancias. No existen limitaciones ni restricciones en los días mínimos de negociación, lo que significa que un trader podría obtener financiación el mismo día que supere el desafío.

Además, CTI ofrece tiempo ilimitado para demostrar las habilidades, lo que permite a los operadores garantizar la financiación a su propio ritmo. Una vez que un trader empieza a operar, puede recibir los primeros pagos en sólo 10 días de operaciones activas. Además, el retiro es equilibrado o un trader puede aumentar su proceso con cualquier beneficio obtenido.

Hablando de crecimiento, los programas de financiación de CTI están ideados para traders que buscan aumentar agresivamente su capital financiado.

Un trader tiene la habilidad de aumentar el saldo de su propia cuenta hasta $4 millones a través de planes de escala exponencial. Si un trader demuestra una rentabilidad constante, CTI puede ofrecer un salario mensual más allá de la financiación.

	CHALLENGE	INSTANT	DIRECT
Salary	Yes	Yes	Yes
# of Phases	2	1	-
Max Time Limit	Unlimited	Unlimited	Unlimited
Min Active Trading Days			
Phase 1	5	-	-
Phase 2	5	-	-
Profit Target			
Phase 1	10%	10%	-
Phase 2	5%	-	-
Profit Share			
Phase 1	-	50%	-
Phase 2	-	-	-
Funded Levels	Up to 100%	Up to 100%	Up to 100%
Refund with 1st withdrawal	Yes	-	-
Scaling Plans	Yes	Yes	Yes
Profit Target to scale up	10%	10%	10%
First Time Account Growth	x1.5	x4	x2
Subsequent Account Growth	x1.5	x2	x2
Balance Based Drawdown	Yes	Yes	Yes
Max Daily Drawdown	5%	-	-
Max Absolute Drawdown	10%	6%	6%
Trailing Drawdown	-	-	-
Reset Discount	10%	10%	5%
Days until 1st payout	10	10	10
Subsequent Payouts	Monthly & Weekly	Monthly & Weekly	Monthly & Weekly
New Trading	Yes	Yes	Yes
Weekend Trading	Yes	Yes	Yes
Holding Overnight	Yes	Yes	Yes
Expert Advisors*	Yes	Yes	Yes
Trade Copiers*	Yes	Yes	Yes
Commision	$4.5 / lot	$4.5 / lot	$5.5 / lot
Spreads	avg. 0.2 pips	avg. 0.2 pips	avg. 0.2 pips
Symbols Available	Forex, Indices, Commodities, Crypto	Forex, Indices, Commodities, Crypto	Forex, Indices, Commodities, Crypto

Fieldcrest

Fidelcrest, una reconocida empresa de trading, ofrece a sus traders una variedad de opciones en lo que respecta al tamaño inicial de la cuenta. Estas opciones incluyen cuentas con un capital inicial de $250.000, $500.000 o $1.000.000, lo que permite a los traders elegir la solución que mejor se adapte a sus necesidades y ambiciones. Fidelcrest también ha ofrecido recientemente la posibilidad de tener cuentas más pequeñas.

¡Una característica distintiva de Fidelcrest es la posibilidad **de acceder a cuentas de $1 millón ahora mismo!**

Además, hay que considerar su versatilidad en la participación en los beneficios.

Según la estrategia de trading, un trader puede esperar recibir entre el 80% y el 90% de las ganancias generadas.

Esto demuestra el compromiso de Fidelcrest de garantizar que sus traders sean perfectamente recompensados por sus habilidades y resultados. Sin embargo, como ocurre con cualquier actividad de trading, la gestión de riesgos es fundamental.

Fidelcrest exige que sus traders cumplan con límites de pérdidas específicos para garantizar una negociación responsable. Según la estrategia comercial elegida, los operadores tienen un límite máximo de pérdida que puede ser del 10% o del 20%.

Además, existe un límite de pérdida diaria fijado en el 5% o el 10%. Estos límites se han establecido para proteger tanto al comerciante como a la empresa de pérdidas significativas.

Aquí está el link

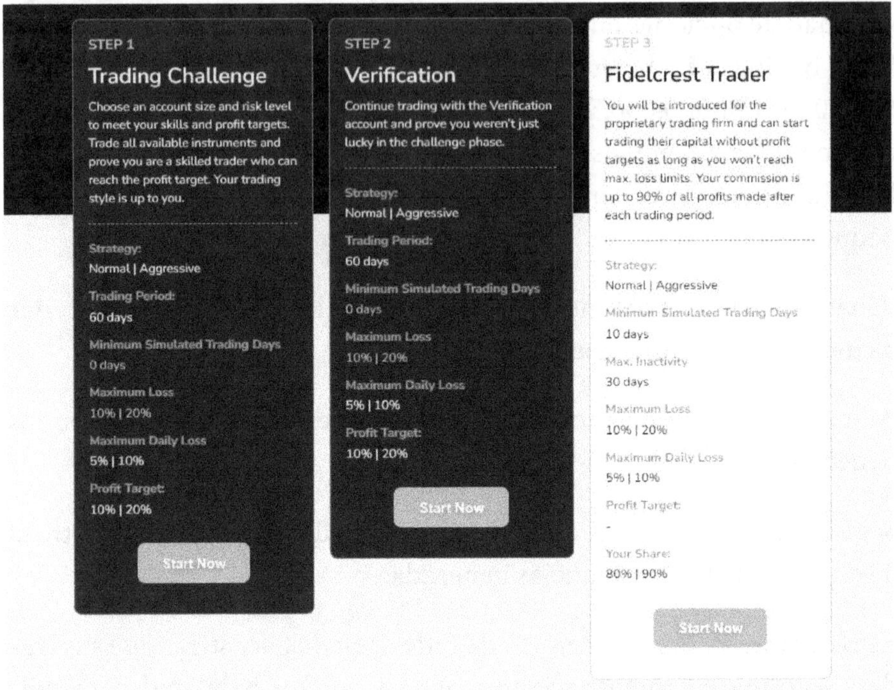

El Trading Pit

Examiné el sitio The Trading Pit y, según los criterios proporcionados, aquí hay una descripción detallada:

El Trading Pit ofrece a los traders la oportunidad de demostrar sus propias habilidades a través de varios desafíos. Estos desafíos están estructurados para permitir a los traders elegir entre diferentes tamaños de cuentas iniciales, incluidos 10.000 €, 20.000 €, 50.000 € y 100.000 €.

Una vez que un trader decide participar, su objetivo es alcanzar un objetivo de ganancias determinado dentro de un período de 90 días.

Por ejemplo, para una cuenta con un saldo de 100.000€, el objetivo de beneficio es de 8.000€, lo que representa el 8% del saldo inicial.

La gestión de riesgos es un punto clave de los desafíos que ofrece The Trading Pit. Los traders tienen que cumplir con límites de pérdidas específicos, tanto a diario como en general, para garantizar una negociación responsable y preservar el capital.

Después de pasar con éxito la etapa de evaluación, los traders pasan al rol de "Trading Signal Partner". En este momento, pueden beneficiarse de un generoso plan de escalamiento de hasta 5 millones de dólares y quedarse con hasta el 80% de las ganancias generadas. A medida que los traders progresan y demuestran consistentemente sus habilidades, tienen la oportunidad de crecer aún más como "The Trading Pit Champion", donde pueden recibir asistencia, tutoría y apoyo muy profundos en su progresión profesional en la industria del trading.

Además, me gustaría agregar que tuve la oportunidad de conocer individualmente al equipo de The Trading Pit durante la Expo de Dubai. Su dedicación y compromiso destinados a ofrecer oportunidades a los traders de todo el mundo son muy claros en la estructura y el enfoque de sus desafíos de trading.

Aquí es el link

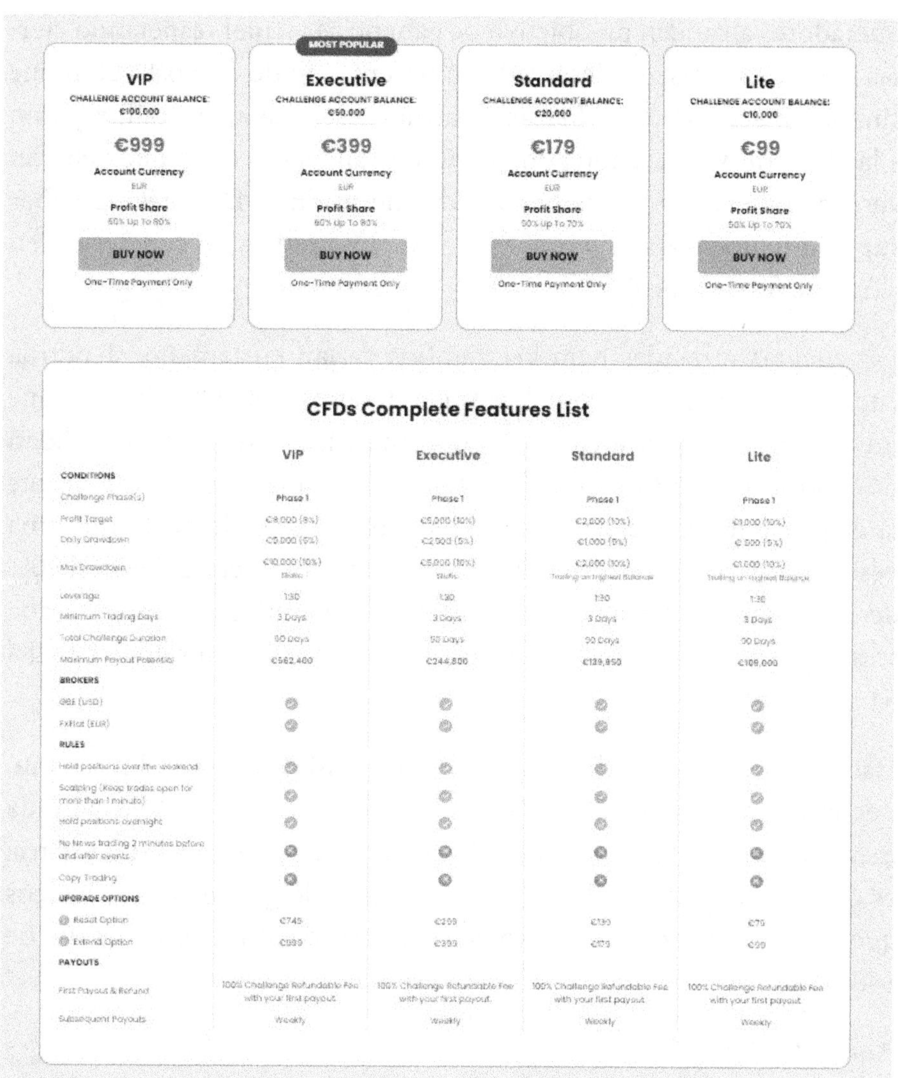

CFDs Complete Features List

	VIP	Executive	Standard	Lite
CONDITIONS				
Challenge Phase(s)	Phase 1	Phase 1	Phase 1	Phase 1
Profit Target	€8,000 (8%)	€5,000 (10%)	€2,000 (10%)	€1,000 (10%)
Daily Drawdown	€5,000 (5%)	€2,500 (5%)	€1,000 (5%)	€ 500 (5%)
Max Drawdown	€10,000 (10%) Static	€5,000 (10%) Static	€2,000 (10%) Trailing on Highest Balance	€1,000 (10%) Trailing on Highest Balance
Leverage	1:30	1:30	1:30	1:30
Minimum Trading Days	3 Days	3 Days	3 Days	3 Days
Total Challenge Duration	90 Days	90 Days	90 Days	90 Days
Maximum Payout Potential	€562,400	€244,800	€139,850	€109,000
BROKERS				
GBE (USD)				
FXFlat (EUR)				
RULES				
Hold positions over the weekend				
Scalping (Keep trades open for more than 1 minute)				
Hold positions overnight				
No News trading 2 minutes before and after events				
Copy Trading				
UPGRADE OPTIONS				
Reset Option	€745	€299	€130	€75
Extend Option	€999	€399	€179	€99
PAYOUTS				
First Payout & Refund	100% Challenge Refundable Fee with your first payout	100% Challenge Refundable Fee with your first payout.	100% Challenge Refundable Fee with your first payout	100% Challenge Refundable Fee with your first payout
Subsequent Payouts	Weekly	Weekly	Weekly	Weekly

The Funded Trader

El Funded Trader ofrece un programa de evaluación a través de diferentes desafíos, cada uno de los cuales tiene propósitos y reglas específicas. La primera etapa, llamada "El Desafío", requiere que los operadores alcancen un objetivo de ganancias virtual respetando ciertas reglas. Esta fase se desarrolla en un entorno de demostración que simula el mercado real. Una vez finalizada esta etapa, los traders pasan a la "Fase de Verificación", una segunda validación en la que deberán verificar nuevamente sus habilidades de trading. Después de haber superado sucesivamente ambas etapas, los traders se convierten en "Traders financiados".

Las cuentas ofrecidas para los desafíos varían en tamaño, siendo la cuenta más grande disponible para el desafío $600.000. Una vez que un trader se convierte en un "trader financiado", tiene la posibilidad de controlar hasta $1.5 millones a través de un plan de escala. Durante la etapa de financiación, los traders deben seguir demostrando una gestión de riesgos concreta y consistente y pueden recibir hasta el 90% de las ganancias virtuales. El rendimiento simulado se evalúa cada tres meses y, si es posible, el trader puede aumentar su saldo virtual a $1.500.000.

Hablando de gestión de riesgos, existen límites claros sobre cuánto puede perder. Por ejemplo, para el desafío de $400.000, la pérdida máxima permitida es del 10% ($40.000) y la pérdida máxima diaria es del 5% ($20.000). Además, hay objetivos de ganancias específicos que alcanzar, como un objetivo de ganancias del 8% para el desafío de $400.000.

Aquí está el link

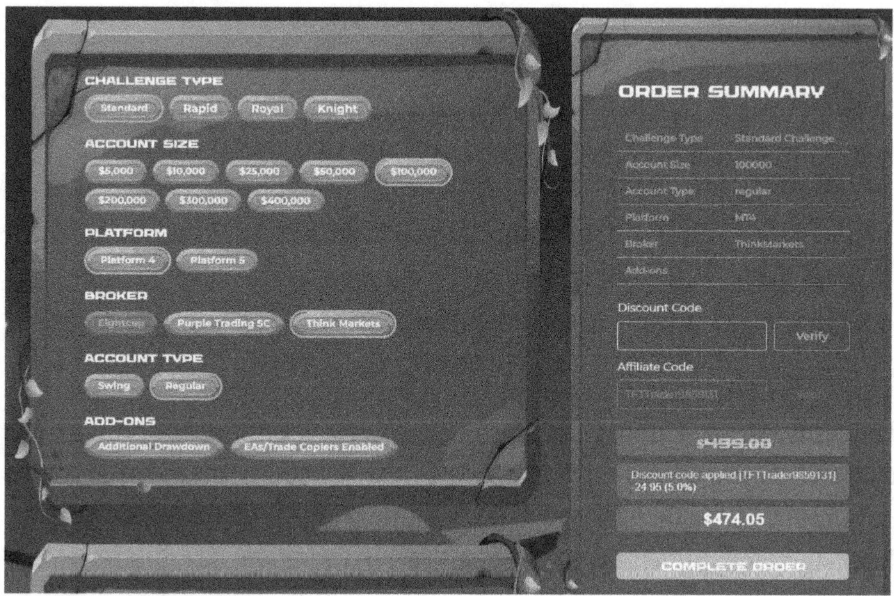

FundedNext

La plataforma presenta diferentes desafíos comerciales, cada uno con objetivos y criterios específicos. Durante la fase de evaluación, el objetivo principal del trader es mostrar sus habilidades de trading en dos pasos con objetivos de ganancias realistas. Una vez que se logran estos objetivos, el trader empieza a operar con una cuenta FundedNext y puede obtener hasta el 80% de las ganancias, que pueden aumentar hasta un 90% según el rendimiento.

Otro modelo, llamado "Express", requiere que el trader alcance un ambicioso objetivo de ganancias sin límites de tiempo. Una vez que se logra el objetivo, el operador empieza a operar con una cuenta FundedNext y tiene derecho al 60% de las ganancias, que pueden aumentar hasta un 90% según el rendimiento.

FundedNext destaca por algunas características específicas. Por ejemplo, no impone límites de tiempo a sus desafíos de financiación, permitiendo a los sujetos negociar con tranquilidad sin la ansiedad de tener que alcanzar su objetivo de ganancias en una fecha límite establecida. Además, el cálculo de la disposición máxima diaria se basa en el saldo sin patrimonio. Esto significa que si un trader tiene posiciones abiertas al comienzo de un nuevo día de negociación, en ese momento se considerará el saldo para el cálculo de la reducción diaria, sin el capital.

Hablando de gestión de riesgos, FundedNext ha establecido un límite de pérdida diaria del 5% del saldo inicial de la cuenta. Por ejemplo, para una cuenta de $100.000, el límite de pérdida diaria es de $5.000. Esto significa que en un día determinado, un trader no puede perder más de $5.000, considerando tanto las pérdidas realizadas como las potenciales. Además, existe un límite de pérdida general del 10% del saldo inicial para los desafíos de 2 pasos Evaluación, Express y Stellar, mientras que para el desafío Stellar de 1 paso el límite es del 6%.

Por ejemplo, para los objetivos de ganancias, en el desafío de Evaluación, si un trader se inscribe en un desafío Stellar de un solo paso de 15K, el objetivo de ganancias será del 10%. Si se inscribe en un desafío estelar de 15K de dos pasos, su objetivo de ganancias para el Paso 1 será del 8%.

Aquí está el link

Account Size	$6,000	$15,000	$25,000	$50,000	$100,000	$200,000
Profit Share From Challenge Phase	15% ($117)	15% ($292.5)	15% ($487.5)	15% ($975)	15% ($1,950)	15% ($3,900)
Phase 1 Profit Target	8%	8%	8%	8%	8%	8%
Phase 2 Profit Target	5%	5%	5%	5%	5%	5%
Maximum Daily Loss	5%	5%	5%	5%	5%	5%
Maximum Overall Loss	10%	10%	10%	10%	10%	10%
Drawdown Type	Balance Based	Balance Based	Balance Based	Balance Based	Balance Based	Balance Based
Time Limit	No Time Limit	No Time Limit	No Time Limit	No Time Limit	No Time Limit	No Time Limit
Minimum Trading Days	5	5	5	5	5	5
Commissions	3$/Per Lot	3$/Per Lot	3$/Per Lot	3$/Per Lot	3$/Per Lot	3$/Per Lot
Profit Split Upto	90%	90%	90%	90%	90%	90%
Trading Leverage	1:100	1:100	1:100	1:100	1:100	1:100
News Trading	✓	✓	✓	✓	✓	✓
Weekend Holding	✓	✓	✓	✓	✓	✓
Expert Advisors	✓	✓	✓	✓	✓	✓
Trade Copiers	✓	✓	✓	✓	✓	✓
Reset Discount	10%	10%	10%	10%	10%	10%
Refundable Fee	$59	$119	$199	$299	$519	$999
Choose your desired plan	Start Challenge	Start Challenge	Start Challenge	Start Challenge	Start Challenge	Start Challenge

Funded Trading Plus

La plataforma cuenta con diferentes planes de evaluación, incluyendo programas de un solo paso, programas de dos pasos y programas instantáneos sin evaluación. El tamaño de las cuentas oscila entre $12.500 y $250.000.

En el paso FT+ Trader, los operadores tienen un objetivo de ganancias del 10%. No hay límites de tiempo para las evaluaciones, lo que significa que los operadores pueden tomarse todo el tiempo que necesiten para lograr sus objetivos. Sin embargo, se requiere cierta actividad: los comerciantes deben realizar al menos una transacción cada 30 días; de lo contrario, su cuenta será suspendida por inactividad.

Hablando de participación en las ganancias, durante el paso FT+ Trader, el comerciante puede retirar el 80% de cualquier ganancia si lo solicita. Una vez que se logra una ganancia del 20% en la cuenta real, los operadores pueden solicitar convertirla en una división de ganancias simulada de 90/10.

En cuanto a la gestión de riesgos, la pérdida máxima es del 6%, mientras que la pérdida diaria es del 3%. Estos límites varían según el tamaño de la cuenta.

En términos de escala, los traders pueden solicitar escalar siempre que alcancen el 10% de ganancia durante el paso FT+ Trader. No hay requisitos de tiempo mínimo para escalar.

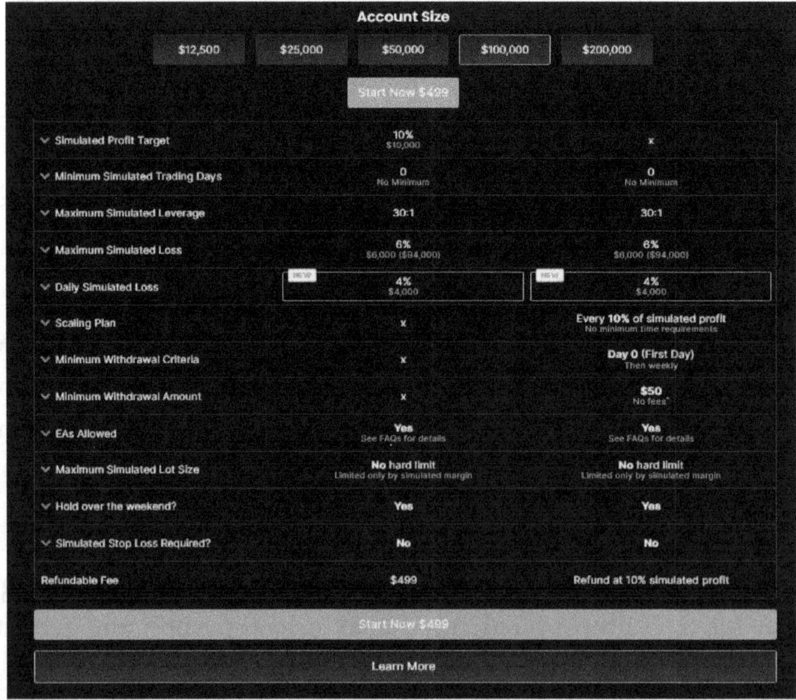

FXIFY

La plataforma muestra dos importantes planes de evaluación: un programa de una sola fase y otro de dos fases. En el programa de una sola fase, los operadores pueden acceder inmediatamente al capital después de alcanzar los objetivos comerciales en una sola evaluación. En el programa de dos fases, los comerciantes deben demostrar una disciplina constante a través de dos evaluaciones antes de acceder al capital de trading.

El tamaño de las cuentas oscila entre $15.000 y $400.000. Los objetivos de ganancias para la etapa 1 oscilan entre el 10% del capital de la cuenta, mientras que para la etapa 2, los objetivos son el 5%. Hablando de gestión de riesgos, la plataforma ha establecido un límite de pérdida diaria del 5% y una reducción máxima del 10%. Estos límites son estáticos y se aplican a todas las dimensiones de la cuenta.

Los traders tienen la flexibilidad de elegir entre un plan de evaluación de una o dos fases, según sus propias preferencias y estilos de trading. Una vez que se logra la evaluación, los traders pueden empezar a operar con un capital inicial de hasta $400.000. La plataforma también es diferente dependiendo de la capacidad de escalar, para aumentar su capital comercial hasta $4.000.000.

En cuanto a la participación en los beneficios, los traders pueden recibir hasta el 90% de los beneficios obtenidos en sus cuentas financiadas. Además, la plataforma ofrece pagos quincenales, ofreciendo a los traders la oportunidad de retirar sus ganancias con regularidad.

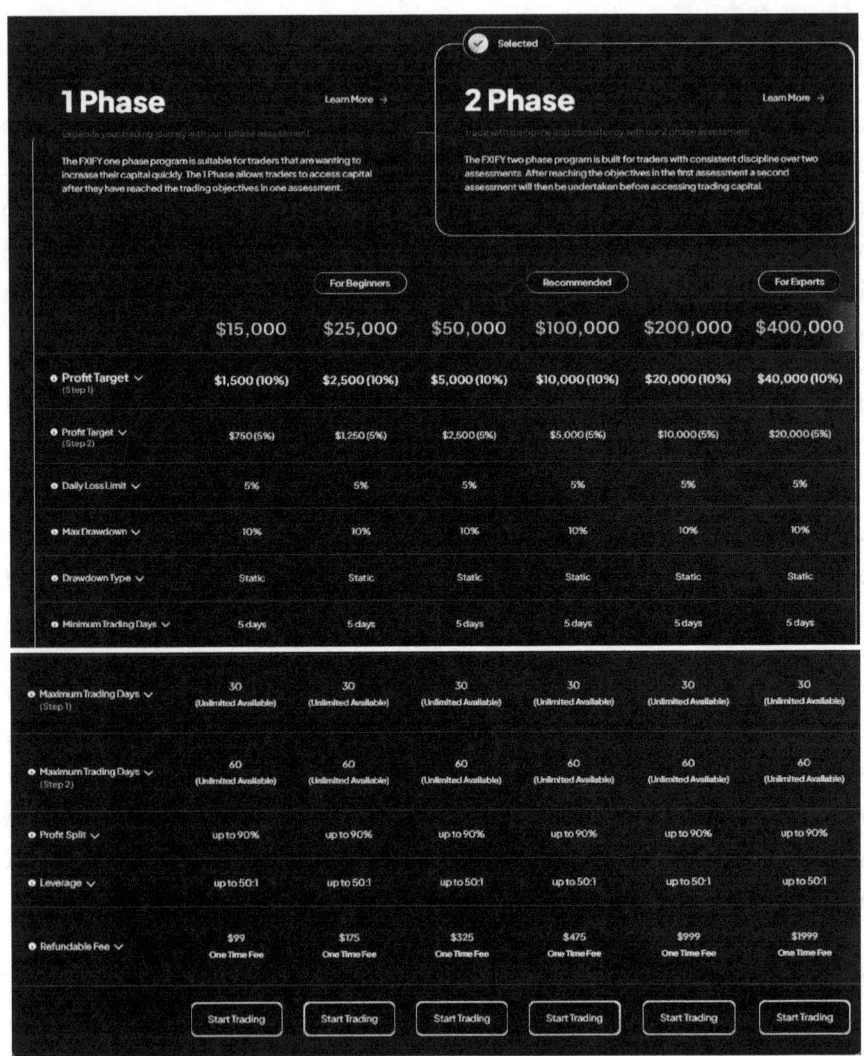

	$15,000	$25,000	$50,000	$100,000	$200,000	$400,000
Profit Target (Step 1)	$1,500 (10%)	$2,500 (10%)	$5,000 (10%)	$10,000 (10%)	$20,000 (10%)	$40,000 (10%)
Profit Target (Step 2)	$750 (5%)	$1,250 (5%)	$2,500 (5%)	$5,000 (5%)	$10,000 (5%)	$20,000 (5%)
Daily Loss Limit	5%	5%	5%	5%	5%	5%
Max Drawdown	10%	10%	10%	10%	10%	10%
Drawdown Type	Static	Static	Static	Static	Static	Static
Minimum Trading Days	5 days	5 days	5 days	5 days	5 days	5 days
Maximum Trading Days (Step 1)	30 (Unlimited Available)	30 (Unlimited Available)	30 (Unlimited Available)	30 (Unlimited Available)	30 (Unlimited Available)	30 (Unlimited Available)
Maximum Trading Days (Step 2)	60 (Unlimited Available)	60 (Unlimited Available)	60 (Unlimited Available)	60 (Unlimited Available)	60 (Unlimited Available)	60 (Unlimited Available)
Profit Split	up to 90%	up to 90%	up to 90%	up to 90%	up to 90%	up to 90%
Leverage	up to 50:1	up to 50:1	up to 50:1	up to 50:1	up to 50:1	up to 50:1
Refundable Fee	$99 One Time Fee	$175 One Time Fee	$325 One Time Fee	$475 One Time Fee	$999 One Time Fee	$1999 One Time Fee
	Start Trading	Start Trading	Start Trading	Start Trading	Start Trading	Start Trading

Prop Firms comparados

PROP FIRM	REAL PHASE	DEMO PHASE
FTMO	First Profit Split: 80%	N/A
FundedNext	First Profit Split: 80%	15%
E8	First Profit Split: 80%	N/A
THE FUNDED TRADER	First Profit Split: 80%	N/A
TRUE FOREX FUNDS	First Profit Split: 80%	N/A

CAPÍTULO 6:

Las novedades de Prop Firms de 2023/2024

A medida que seguimos nuestro viaje a través del universo de Prop Firms, podemos encontrarnos ante un capítulo específicamente intrigante.

El 2023 trajo consigo una serie de novedades en el panorama de las Prop Firms que merecen una mención muy especial.

De hecho, este año se ha visto el surgimiento de nuevas empresas, nuevas ofertas y perspectivas que podrían redefinir la forma en que los traders interactúan con las plataformas antes mencionadas.

Sin embargo, es esencial señalar un punto esencial: en este capítulo discutiremos algo que aún no ha sido verificado exhaustivamente por mí.

En este apartado mi intención es estrictamente académica.

Deseo brindarles una visión general de las nuevas identidades emergentes, sus propuestas y las potenciales innovaciones que podrían aportar al sector. Sin embargo, como todo buen trader sabe, es necesario tener precaución.

Antes de tomar cualquier decisión, es esencial realizar una investigación exhaustiva y, si es posible, probar las plataformas ti mismo.

Por lo tanto, en este capítulo se toma en consideración la información como una especie de "anticipo" de lo que podría llegar a ser el futuro de las Prop Firms.

Una ventana abierta a las tendencias emergentes; sin embargo, sin el análisis y la verificación en profundidad que sólo la experiencia directa puede proporcionar.

Con esta premisa, los invito a proceder con curiosidad y amplitud de miras, siempre con mirada crítica. Exploremos juntos cuáles son las novedades sobre las Prop Firms en 2023.

Primera innovación: Tiempo ilimitado

Algunos antiguos Prop Firms, incluidos como FTMO, han decidido abolir el límite máximo para llevar a cabo un desafío.

En este sentido, como veremos en el capítulo 9, tiene consecuencias verdaderamente impactantes, al reducir la presión de tiempo sobre los participantes y, por tanto, garantizarles una mayor claridad.

Segunda Innovación: Inicio del cambio

En el pasado, el desafío de cada Prop Firm comenzaba sólo después de abrir la primera orden de mercado.

Sin embargo, algunas firmas de utilería han querido cambiar esta política desde el año 2023.

De hecho, algunos puntales como Fidel Crest han decidido activar el desafío no después de abrir la primera orden de mercado, sino inmediatamente después de comprar participación en ella.

Forex Prop Firm

Tipos de Programas:

Proceso de Evaluación del Modelo de 1 Paso: El propósito de este modelo se basa en alcanzar un objetivo de ganancia virtual del 10% sin límite de tiempo. Una vez que logre su objetivo, comenzará a operar con una cuenta financiada por la FPF con una división de ganancias del 90%. Este porcentaje se puede aumentar hasta el 100% en función de su propio desempeño.

Proceso de Evaluación del Modelo de 2 Paso: Este modelo requiere que demuestres tus habilidades de trading de 2 pasos con objetivos de ganancias virtuales realistas. Una vez que logre tus propios propósitos, comenzará a operar con una cuenta financiada por ForexPropFirm. Com con una división de ganancias del 90%. Una vez más, el porcentaje se puede aumentar hasta el 100% en función de su propio rendimiento.

Detalles sobre las Cuentas:

Reto de 1 Paso: De $25.000 a $200.000 con un objetivo de ganancia del 10%.

Desafío de 2 pasos: No se especifica, pero se cita como un proceso de dos pasos con objetivos de ganancias realistas.

División de Ganancias: La división de ganancias estándar para todos los traders de FPF se establece en 90:10 a favor del operador. Este porcentaje se puede aumentar hasta el 100% en función del propio desempeño del trader.

Límites de reducción y gestión de riesgos: No se especifican en la página principal, pero pueden estar disponibles en otra parte del sitio o en las preguntas frecuentes.

Objetivos de Ganancias: El propósito más importante del modelo de valoración de un solo paso es el 10% sin límite de tiempo.

Broker: Todas las operaciones en los planes de Operador Experimentado y Avanzado se realizan a través de EightCap, un broker galardonado.

Pago: Los pagos se procesan los días 1 y 16 de cada mes. Existen diferentes métodos de pago, incluidos WISE y WIRE.

Aquí está el link

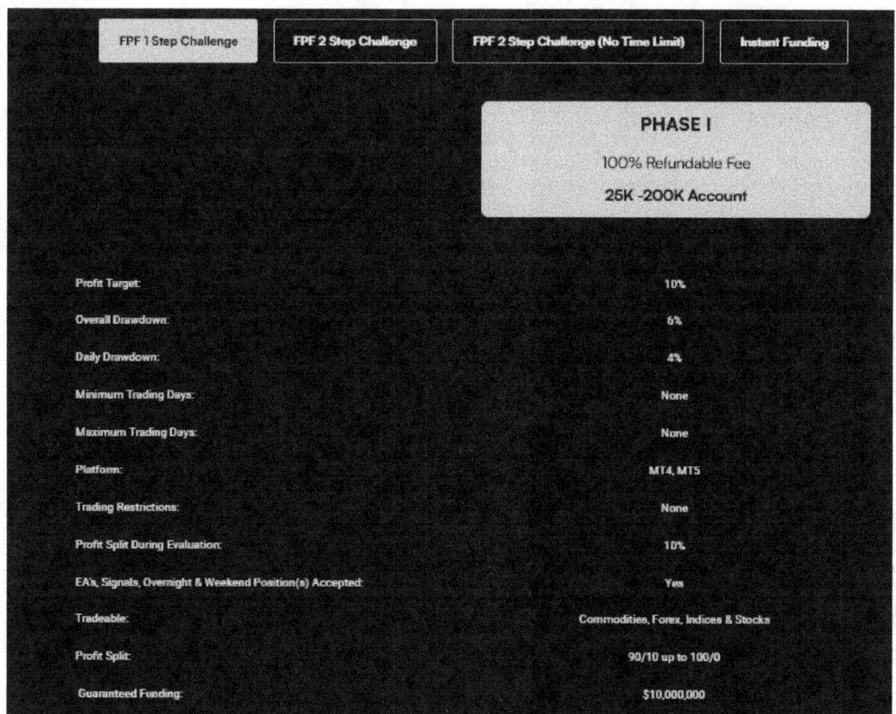
FPF 1 Step Challenge | FPF 2 Step Challenge | FPF 2 Step Challenge (No Time Limit) | Instant Funding

	PHASE I 100% Refundable Fee 25K -200K Account
Profit Target:	10%
Overall Drawdown:	6%
Daily Drawdown:	4%
Minimum Trading Days:	None
Maximum Trading Days:	None
Platform:	MT4, MT5
Trading Restrictions:	None
Profit Split During Evaluation:	10%
EA's, Signals, Overnight & Weekend Position(s) Accepted:	Yes
Tradeable:	Commodities, Forex, Indices & Stocks
Profit Split:	90/10 up to 100/0
Guaranteed Funding:	$10,000,000

Forex Capital Funds

Detalles sobre el Desafío o proceso de selección: Forex Capital Funds ofrece una evaluación en dos etapas. Los traders tienen que elegir un programa, empezar una evaluación y, una vez logrado, reciben financiación.

Tamaños de cuentas iniciales y que se pueden ganar: La plataforma ofrece diferentes tamaños de cuentas, que incluyen:

$6.000 (Programa Starter) con una tarifa de £147.

$15.000 (Programa Estándar) con una tarifa de £297.

$30.000 (Programa Profesional) con una tarifa de £577.

Capacidad de Escalamiento: La plataforma parece ofrecer un "plan de escalamiento"; sin embargo, no se proporcionaron detalles específicos en la página principal.

División de Ganancias y Planes de Crecimiento: La división de ganancias para todos los traders se establece en 80%. Sin embargo, citan una posibilidad de aumentar hasta un 90% con la ampliación.

Límites de Reducción y Gestión de Riesgos: La pérdida máxima cotidiana es del 5 %, mientras que la pérdida máxima total es del 10 %

Provecho Máximo: El provecho ofrecido es de 1:30.

Detalles específicos sobre los objetivos de ganancias y los plazos previstos para alcanzarlos: Los objetivos de ganancias para los distintos pasos no se han especificado en la página principal. Sin embargo, citan que, una vez que un trader alcance una participación de ganancias del 10% al menos cinco veces, recibirá un reembolso de su tarifa.

Otros Detalles: La plataforma ofrece un sistema de pago quincenal. Todos los traders de FCF pueden solicitar un pago a través del panel. Los retiros se pueden procesar después de 30 días de ser un operador con fondos reales.

5K
10K
25K
50K
100K
200K

Profit Target Phase 1	$8,000
Profit Target Phase 2	$5,000
Max Trading Days	Unlimited
Max Daily Loss	$5,000
Max Total Loss	$10,000
Trading Leverage	1:30
Profit Share	80%
Min Trading Days	5 Days

BUY $497

Funded Pro

Detalles sobre el Desafío o proceso de selección: FunderPro tiene un proceso de evaluación de dos pasos. Una vez que se ha demostrado el tamaño y la habilidad, el trader empieza a operar en una cuenta STP real y se queda con el 80% de las ganancias.

Dimensiones de Cuenta Inicial y Ganadora: FunderPro ofrece diferentes tamaños de cuenta, que incluyen:

$25.000 con una tarifa de $250

$50.000 con una tarifa de $300

$100.000 con una tarifa de $550

$200.000 con una tarifa de $995

Posibilidad de Escalar: Una vez que se convierta en un trader certificado de FunderPro, existe la posibilidad de escalar. Recibes un aumento del 50% cada 3 meses hasta $5 millones si demuestras tu constancia.

División de Ganancias y Planes de Crecimiento: Los traders pueden quedarse con hasta el 80% de las ganancias.

Límites de Retiro y Gestión de Riesgos: Los límites de retiro cotidianos y generales varían según el tamaño de la cuenta, pero generalmente se establecen en 5% y 10% respectivamente.

Provecho Máximo: El provecho ofrecido por FunderPro es de 1:100 para todas las cuentas.

Características específicas en cuanto a los logros de nuestras ganancias y el plazo esperado para alcanzarlas: Los propósitos de ganancias son del 10% para la etapa de evaluación y del 8% para la etapa de verificación, ambos sin límite de tiempo.

Complete our 2-step evaluation and **manage up to $200,000**.

Compare Challenge Amount:

$25,000 | $50,000 | $100,000 | $150,000 | $200,000 | Compare Accounts

Amount **$25,000**	Phase 1 **Evaluation**	Phase 2 **Verification**	Phase 3 **FunderPro Trader**
Profit Target	10% (Unlimited Days)	8% (Unlimited Days)	Indefinite
Minimum Trading Days	5	5	N/A
Max Daily Drawdown	$1.250 (5%)	$1.250 (5%)	$1.250 (5%)
Max Overall Drawdown	$2.500 (10%)	$2.500 (10%)	$2.500 (10%)
Available Leverage	1:100	1:100	1:100
Refundable Fee	$249	Free	Refund

Billion Club

Proceso de Selección: Billions Club tiene un programa de evaluación poco común llamado "Trading Challenge". Los traders tienen que demostrar sus propias habilidades y, si pueden completar el desafío, tendrán la oportunidad de hacer trading con capital virtual para el propietario de su empresa de trading.

Dimensiones de la Cuenta: Ofrecen diferentes tamaños de cuenta según el programa de desafío que elija. Las opciones pueden incluir cuentas de $5.000, $10.000, $25.000, $50.000 y $100.000.

Habilidad de Escalamiento: Billions Club ofrece un "Plan de escalamiento" que permite a los traders aumentar la dimensión de su cuenta. Sin embargo, las características específicas deben consultarse en su sitio web.

Participación en las Ganancias: Los traders pueden obtener una generosa participación del 90% de las ganancias virtuales como recompensa por sus operaciones de demostración.

Límites de Retiro: Existen límites de retiro específicos para cada dimensión de la cuenta. Por ejemplo, para una cuenta de $50.000, el retiro diario máximo es de $2.500 y el retiro total máximo es de $5.000.

Provecho máximo: El provecho que ofrece Billions Club es 1:125.

Propósitos de Ganancias: Los objetivos de ganancias varían según el tamaño de la cuenta. Por ejemplo, para una cuenta de $50.000, la ganancia obtenida es de $4.000 (8%).

Tiempo estimado para lograr los objetivos: no se imponen limitaciones de tiempo para completar el desafío. Los traders pueden completar el desafío a su propio ritmo y también pueden mantener posiciones abiertas durante el fin de semana.

Super Funded

Modalidad de Acceso: SuperFunded ofrece un sistema de desafíos a través del cual los traders pueden mostrar sus habilidades comerciales, obteniendo acceso a los fondos.

Dimensiones de la Cuenta: SuperFunded ofrece varias dimensiones de la cuenta, que incluyen:

$15.000

$25.000

$50.000

$100.000

$200.000

Detalles Específicos sobre el Desafío de Cuenta de $15.000:

Objetivo de Beneficio: 10%

Días Mínimos de Negociación: 3

Pérdida Máxima Diaria: 5%

Pérdida Total Máxima: 10%

Provecho: 1:30

División de Ganancias: 80% para el trader

Escalabilidad: No se han proporcionado detalles específicos sobre la escalabilidad de las cuentas, sin embargo, es probable que haya mayores posibilidades según el desempeño del operador.

Socio Broker: SuperFunded se ha asociado con Eightcap para proporcionar plataformas de trading de alta calidad.

Variedad de Activos: Los traders pueden operar en Forex, criptomonedas, CFD, petróleo, índices y metales.

Pago: SuperFunded enfatiza la velocidad y seguridad en el proceso de pago de ganancias a los traders.

Plataforma de Negociación: La plataforma de negociación se puede utilizar tanto en dispositivos móviles como de escritorio y está estrictamente conectada al panel de control de SuperFunded.

Infinity Forex Fund

El "Infinity Forex Fund" se destaca en el campo de los Prop Firms por sus características únicas y su enfoque innovador. Con una reducción del 15%, la más completa de la industria, ofrece a los operadores una flexibilidad inigualable, que incluye tiempo de desafío ilimitado y la habilidad de operar los fines de semana y las noticias. Todos los Asesores Expertos (EA) están permitidos (incluido el tan popular HFT), lo que brinda libertad estratégica a los operadores.

Dirigido por un equipo de expertos en el mercado de derivados, el objetivo de Infinity Forex Fund es convertirse en una de las tres principales Prop Firms a nivel mundial en un plazo de tres años, con el objetivo de convertir a más de 3.000 accionistas en millonarios. El Prop Firm emplea un modelo poco común de participación en las ganancias, ofreciendo hasta el 10% de los ingresos a sus socios y afiliados, incentivando un desempeño maravilloso y un sentido de propiedad.

En cuanto a los traders, no existen limitaciones en el número de cuentas, siempre y cuando se mantengan dentro del monto máximo de asignación. Una vez que aprueben la evaluación, podrán convertirse rápidamente en traders reales. Prop Firm no cobra honorarios al mes, sólo el de tasación. Sin embargo, una vez que comience a operar, no podrá restablecer su propia cuenta al monto original.

La gestión de los riesgos se centra en la filosofía del Infinity Forex Fund. Por ejemplo, limitan el número de cuentas de Algo a 500 por mes para mantener un equilibrio en la cartera de clientes y mitigar los riesgos asociados con el uso del algoritmo. Ofrecen dos modelos de evaluación: Estándar y Algo. La calificación Estándar es adecuada para los traders más experimentados; mientras que la calificación Algo es específicamente para comerciantes que utilizan sistemas muy complejos y estrategias de trading automatizadas.

El proceso de retiro de ganancias es extremadamente simple y comienza 30 días después de recibir su cuenta financiada. Los traders pueden solicitar el retiro a través de su propio panel y el pago se procesa dentro de los 3 días hábiles. Los retiros se procesan mediante criptomonedas y transferencias bancarias.

En conclusión, Infinity Forex Fund aplica reglas basadas en la coherencia para garantizar que los operadores apliquen una gestión y una estrategia de riesgos coherentes. Existen limitaciones para compartir credenciales y copiar operaciones sólo entre sus cuentas personales. Las reglas de coherencia incluyen limitaciones con respecto a las dimensiones de la posición y el volumen de negociación, al garantizar que los operadores se ciñan a su propio plan de trading y contribuyan a la sostenibilidad de la empresa a largo plazo.

Genesis Forex Funds

Genesis Forex Funds surge en la visión de los prop firm como una de las empresas de más rápida evolución, con una misión muy clara: empoderar a los traders y amplificar su propio éxito. Ofrece a sus traders la oportunidad de acceder a un capital sustancial, reteniendo hasta el 80% de las ganancias generadas y la libertad de controlar las operaciones incluso durante el fin de semana.

Se invita a los traders interesados a mostrar sus propias habilidades a través de un plan de evaluación de un solo paso, con un capital inicial de hasta $200.000. Genesis ofrece más de 300 herramientas de trading, sin imponer limitaciones de tiempo, permitiendo a los traders operar según su propio comportamiento.

El proceso de valoración requiere alcanzar objetivos prácticos de ganancias, con determinadas reglas como un máximo del 5% de pérdida diaria y del 10% de pérdida total.

La oferta de activos de Genesis es amplia e incluye más de 40 pares de divisas principales y menores, metales como el oro y la plata, petróleo (Brent y WTI) y los principales índices bursátiles del mundo.

Las plataformas de trading más utilizadas son las de Eightcap, reconocidas por su oferta de más de 300 instrumentos de trading y diferenciales competitivos.

Una vez que se logra la evaluación, los traders completan el proceso KYC y reciben inicios de sesión para la cuenta financiada dentro de 1 a 3 días hábiles, al mismo tiempo que reciben un certificado de reconocimiento por sus propias habilidades.

Es muy importante considerar que, a diferencia de los tradicionales Prop firms de Wall Street, los traders no reciben un capital real, sino que controlan y gestionan fondos virtuales en un modo de negociación simulado/demo.

Este modelo permite a Genesis operar de manera muy eficiente, ofreciendo a los traders comisiones a cambio de un desempeño positivo y permitiéndoles actuar como "analistas de datos" para la firma, con tarifas que oscilan entre el 50% y el 80% dependiendo del desempeño.

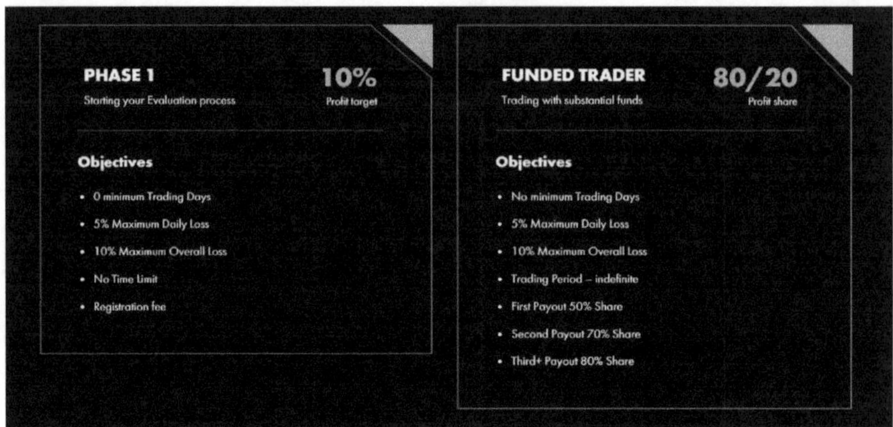

Skilled Funded Trader

Skilled Funded Traders se establece en la industria del trading con soluciones tecnológicas avanzadas y plataformas de vanguardia, ofreciendo a los traders una oportunidad única para mostrar sus propias habilidades. El viaje con Skilled Funded Traders se divide en tres pasos principales:

Desafío SFT: Los traders empiezan con un desafío en un entorno de demostración que puede simular el mercado real, donde deben mostrar una ventaja ilegítima en el mercado.

Verificación SFT: Después de esto, los traders tienen que demostrar la coherencia de sus habilidades de trading en otro entorno de demostración para poder verificar todo y unirse a los traders de élite de la plataforma.

Traders SFT: Una vez que hayan superado las fases anteriores, los traders pueden unirse al equipo SFT, donde son elegibles para recibir pagos basados en su propio desempeño pudiendo participar en el Scaling Plan, aumentando el capital virtual en su cuenta.

En términos operativos, Skilled Funded Traders ofrece un período de negociación simulado ilimitado, un provecho máximo de 1:100 para Forex y límites de pérdida virtual diaria y general bien definidos.

Además, los traders pueden solicitar su primer retiro 14 días después de la primera operación de trading en su propia cuenta virtual financiada, con una participación de ganancia virtual inicial del 80%, que puede aumentar hasta el 90% siguiendo el plan de escala.

	Challenge	Verification	Skilled Funded Traders
Simulated Trading Period	UNLIMITED DAYS	UNLIMITED DAYS	INDEFINITE
Minimum Simulated Trading Days	0 days	0 days	X
Simulated Trading Leverage	1:100 Maximum Leverage	1:100 Maximum Leverage	1:100 Maximum Leverage
Maximum Virtual Daily Loss	$10,000 / 5%	$10,000 / 5%	$10,000 / 5%
Maximum Overall Loss	$20,000 / 10%	$20,000 / 10%	$20,000 / 10%
Virtual Profit Target	$16,000 / 8%	$10,000 / 5%	X
Weekend Holding	No	No	No
Simulated News Trading	Yes	Yes	No
First Withdrawal	X	X	14 Days
Virtual Profit Split	X	X	80% | 90% with Scaling
First Withdrawal Bonus	$1049	FREE	First Withdrawal Bonus

Funded Engineer

Funded Engineer representa una increíble oportunidad para que los traders lleven sus propias habilidades al siguiente nivel, ofreciendo evaluaciones de uno y dos pasos destinadas a controlar fondos simulados de hasta $2.000.000. Esta firma de apoyo ofrece a los traders la libertad de escalar hasta un 20% de reducción, sin limitaciones de tiempo, reglas ocultas o días mínimos de negociación, permitiéndoles desarrollar todo su potencial.

Funded Engineer está comprometido con el crecimiento financiero de sus propios traders con objetivos de ganancias fáciles de utilizar y un excelente soporte al cliente. La división de beneficios simulada es muy alta, incentivando el éxito del trader.

Funded Engineer ofrece flexibilidad y accesibilidad a través de la falta de una cantidad mínima de días de negociación y limitaciones de tiempo, permitiendo a los traders operar con su propio estilo y comportamiento. La plataforma utiliza tecnología de trading avanzada y ofrece una gama amplia de herramientas CFD.

El proceso de evaluación está ideado para evaluar las habilidades de trading de los candidatos, con objetivos específicos para demostrar su rentabilidad continua. Planes de evaluación, como el "Desafío estándar", que incluyen detalles como división de ganancias simulada, pérdidas máximas diarias y generales y provecho de trading.

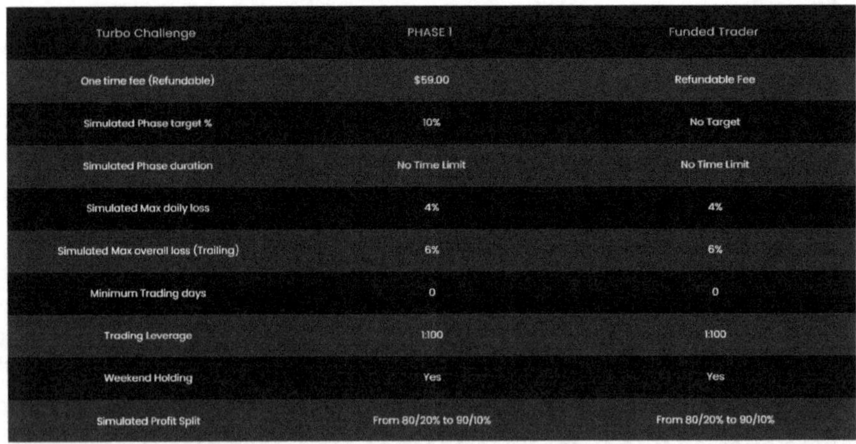

Turbo Challenge	PHASE 1	Funded Trader
One time fee (Refundable)	$59.00	Refundable Fee
Simulated Phase target %	10%	No Target
Simulated Phase duration	No Time Limit	No Time Limit
Simulated Max daily loss	4%	4%
Simulated Max overall loss (Trailing)	6%	6%
Minimum Trading days	0	0
Trading Leverage	1:100	1:100
Weekend Holding	Yes	Yes
Simulated Profit Split	From 80/20% to 90/10%	From 80/20% to 90/10%

Optimal Traders

(El código de promoción es INVESTETICA)

Optimal Traders ofrece un entorno de trading corporativo con un poderoso respaldo financiero, ya que es una subsidiaria de un fondo de trading cuantitativo global.

La plataforma puede combinar el trading profesional y virtual, permitiéndote maximizar las ganancias a través del aprendizaje compartido y la colaboración.

La empresa se compromete a mantener excelentes condiciones de trading, ofreciendo reglas muy versátiles, asistencia y orientación las 24 horas, los 7 días de la semana para maximizar las ganancias de los traders.

Los planes ofrecidos incluyen:

Desafío: Con un objetivo de ganancias del 9%, un período de negociación ilimitado, una reducción de saldo máxima del 10% y una reducción diaria máxima del 5%.

Ofrece hasta un 80% de participación en las ganancias, sin limitaciones de tiempo de negociación y condiciones favorables como negociación de fin de semana, uso de EA y negociación de noticias.

Evaluación: Este plan incluye un objetivo de ganancias del 9%, un período de negociación ilimitado y una división de ganancias del 50%.

No tiene objetivo de ganancias y te permite escalar hasta $6.5 millones, con una pérdida general máxima del 8% y posibilidades de negociación de fin de semana con EA, innovaciones de trading y operaciones nocturnas.

Optimal Traders enfatiza la capacitación y el desarrollo continuo de los traders, ofreciendo programas educativos y acceso a planes de asignación de capital dirigidos a las necesidades individuales de los traders.

Las nuevas fórmulas del desafío FTMO 2024:
El Programa premium para Traders de élite

FTMO, una de los Prop Firms más reconocidos y populares en el universo del trading, presentó recientemente su "Programa Premium", una nueva iniciativa que promete transformar la experiencia de los traders más capacitados y exitosos. Este plan se divide en dos importantes niveles, teniendo la posibilidad de acceder a un tercer nivel aún más exclusivo.

Nivel 1: Estado Principal

El "Estado Principal" representa el primer paso del Programa Premium. Los traders tienen que cumplir algunos criterios específicos para alcanzar este nivel, incluido tener una cuenta FTMO activa, un historial ordenado sin fallas en los últimos 4 meses y mostrando una rentabilidad constante.

Los beneficios del Estado Principal pueden incluir:

- Un desafío FTMO gratuito de la misma dimensión que la cuenta FTMO calificada.
- Un agente dedicado de atención al cliente.
- Una tasa de pago del 90%.
- Un certificado especial por todos los resultados obtenidos.
- La asignación máxima de capital aumentó a 600.000 dólares.
- Acceso al producto exclusivo FTMO Desafío de $400K.
- Bonificación del 5% sobre el monto de la transferencia agregada a la siguiente cuenta FTMO.

- Descuentos exclusivos en nuevas adquisiciones de FTMO Desafío y en el eshop de FTMO.

Nivel 2: Estado Supremo

El "Estado Supremo" es el segundo nivel, accesible a los traders con una cuenta FTMO activa de $400.000 y que han participado operativamente en el nivel Principal durante 3 meses. Las ventajas del Estado Supremo incluyen todas las del Principal, más allá de:

- Pago instantáneo.
- Asignación máxima de capital de 1 millón de dólares.
- Sin pérdida máxima diaria.
- Insignia de logro físico.
- Posibilidad de volver a Quantlane, una empresa tradicional de trading firm.

Quantlane: El pico del Plan Premium

Quantlane representa el pico del Plan Premium. Es una empresa de trading de propietario tradicional que opera bajo las alas del Grupo FTMO.

Compuesta por un equipo lleno de expertos en varios campos, Quantlane ofrece a los traders calificados la oportunidad de unirse a ellos, con ventajas como un contrato de 2 años con un salario fijo, un sistema de bonificación muy competitivo y condiciones de trading institucionales.

Nuevas actualizaciones de 2024

Esperando a principios de 2024, en noviembre de 2023, diferentes empresas de trading por sus líderes introdujeron nuevas funciones y cambiaron algunas de las reglas y objetivos de trading.

Estas actualizaciones incluyen la introducción de nuevas plataformas, modificaciones a las estructuras de tarifas y la adición de nuevas opciones de retiro.

E8 Funding

E8 Funding ha anunciado una colaboración muy estratégica con Purple Trading SC, lo que marca un paso esencial para la empresa.

FundedNext

FundedNext ha introducido una nueva página de símbolos capaz de proporcionar los datos en tiempo real sobre precios, spreads, comisiones y detalles del contrato.

Además, ha introducido una garantía de promesa de marca, al garantizar un procesamiento de pago rápido en 24 horas y dos nuevas características adicionales: un pago de por vida del 95% y una opción de pago semanal.

The Funded Trader

Funded Trader introdujo Wise como método de retiro y lanzó Dragon Challenge, una evaluación de tres fases que estará disponible antes de finales de 2023.

MyFundedFX

MyFundedFX agregó PayPal como un nuevo método de pago y anunció una colaboración estratégica con Blueberry Markets.

Fidelcrest

Fidelcrest ha realizado una modificación en su estructura de comisiones, introduciendo una comisión de 6 dólares por batch.

Finotive Funding

Finotive Funding ha reintroducido el trading de criptomonedas en su plataforma.

FTMO

FTMO introdujo una cuarta opción de plataforma de trading, DX Trade, simplificó los tipos de cuentas eliminando las opciones agresivas y lanzó un nuevo programa premium que ofrece a los traders la posibilidad de calificar cumpliendo con criterios específicos.

Otras Empresas

Otros firms, como Alpha Capital Group, Blue Guardian, TopTier Trader, City Traders Imperium, FunderPro, Audacity Capital y The Trading Pit, también han introducido algunas actualizaciones, que van desde nuevos métodos de retiro hasta modificaciones en los brokers y plataformas de trading.

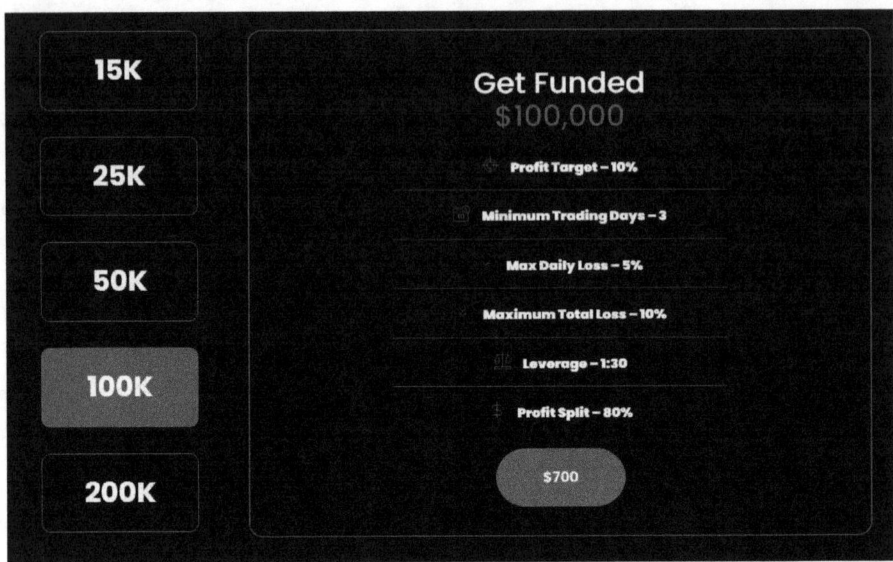
15K
25K
50K
100K
200K
Get Funded
$100,000
Profit Target – 10%
Minimum Trading Days – 3
Max Daily Loss – 5%
Maximum Total Loss – 10%
Leverage – 1:30
Profit Split – 80%
$700

CAPÍTULO 7:

Quiebra o Cierre de Prop Firms

El sensacional cierre de My Forex Fund

2023 será recordado como el año en que el universo Prop Trading sufrió uno de sus mayores terremotos: el cierre inesperado de My Forex Fund. Durante varios años, esta Prop Firm ha sido celebrada y considerada como un pilar esencial de confiabilidad y profesionalismo, ganando la confianza y la admiración de innumerables traders y profesionales de la industria. Su propia reputación se basó en resultados sólidos, innovaciones continuas y un enfoque ético en el trading. Además, cuando empezó a circular la noticia de su cierre, a muchos les costó creer lo que estaban escuchando.

La pregunta que todos se hacían era: "¿Cómo podría cerrar Prop Firm tan sólido y respetado?" Inmediatamente comenzaron a difundirse especulaciones con teorías que iban desde una mala gestión financiera hasta un fraude interno. Sin embargo, en medio de todas estas posibles conjeturas, la verdad seguía siendo extremadamente esquiva.

Este capítulo quiere analizar la historia de My Forex Fund, destacando los factores y decisiones que llevaron a este inesperado epílogo. Intentaremos revelar las dinámicas internas, los desafíos afrontados y las verdades que se esconden detrás de escena de uno de los prop firms más icónicos y populares de nuestro tiempo a través de un análisis profundo y detallado.

La historia e importancia de My Forex Fund en el universo del Prop Trading

Emergiendo en el universo competitivo del Prop Trading, My Forex Fund se ha distinguido no sólo por su propia rapidez de crecimiento, sino incluso por su capacidad de innovar y adaptarse a las necesidades del mercado. Su fórmula ganadora combinaba un conocimiento profundo del mercado con una visión muy clara de lo que los traders estaban buscando en un prop firm. Esto ha permitido a My Forex Fund ofrecer oportunidades sin precedentes a sus traders, dándoles acceso a recursos que podrían haber estado fuera de su alcance.

Sin embargo, como suele ocurrir, el éxito puede ocultar problemas. Si bien el prop firm creció externamente, en la parte interna hubo tensiones y desafíos que no fueron inmediatamente visibles para el público. Algunas de sus prácticas operativas, si bien apuntan a maximizar las ganancias, han empezado a generar problemas sobre su ética e integridad. Estas preocupaciones, inicialmente consideradas por alto o subestimadas, eventualmente tendrían graves consecuencias para My Forex Fund y toda la industria del Prop Trading.

Los mecanismos del escándalo: Manipulaciones y tácticas ocultas

Las revelaciones que surgieron arrojaron una luz impactante sobre la dinámica interna de My Forex Fund, mostrando que el prop firm no era la entidad clara e intacta que muchos habían creído. Una de las tácticas más insidiosas fue la introducción deliberada de “retrasos” en el software de trading. Estos retrasos engañosamente insignificantes en realidad se calcularon para crear una discrepancia entre el momento en que un trader decidió realizar una operación y el momento de su efectiva ejecución. En una industria donde cada milisegundo es fundamental, estos retrasos podrían convertirse en importantes pérdidas financieras.

Otra táctica de manipulación fue el "slippage" intencional. El *slippage* ocurre cuando una operación se realiza a un precio diferente al esperado. Si bien puede ocurrir naturalmente debido a la volatilidad del mercado, en el caso de My Forex Fund, estaba claramente planeado en el software. Este tipo de manipulación, aunque sutil, podría provocar cambios de precios que, especialmente en transacciones de gran volumen, podrían resultar en pérdidas de cientos o miles de dólares.

Sin embargo, lo que realmente molestó a la comunidad de trading fue la falta de transparencia. Muchos traders operan con la creencia de que estaban tratando con una plataforma justa e imparcial, pero la realidad era muy diferente. Estas formas de manipulación, lejos de ser simples errores técnicos, formaban parte de una estrategia bien pensada destinada a influir en el rendimiento de los traders, poniendo en duda toda la integridad de la plataforma.

Estas revelaciones han planteado varias preguntas sobre la regulación y supervisión de los prop firms, subrayando la necesidad de una mayor transparencia e integridad en la industria.

Las implicaciones legales

El cierre de My Forex Fund planteó una serie de cuestiones legales que atrajeron la atención de las autoridades importantes. La Commodity Futures Trading Commission (CFTC) ha iniciado una extensa investigación, sacando a la luz varias posibles violaciones por parte del prop firm. La gravedad de las acusaciones llevó a la congelación inmediata de todos los activos de My Forex Fund, una acción que amplifica el propósito del escándalo.

Sin embargo, My Forex Fund no aceptó involuntariamente estos cargos. La empresa respondió rápidamente, manteniendo su posición y declarando que no había cometido ninguna irregularidad. Además, aseguró que luchará fuertemente en los tribunales para poder demostrar su inocencia.

Desde la información que surge del PDF se desprende claramente que la situación jurídica es muy complicada. En medio de las implicaciones legales está la potencial acusación de fraude. La manipulación del software de trading y otras tácticas podrían considerarse intentos de engañar y defraudar a los clientes. Estas acciones podrían tener graves consecuencias legales, incluidas fuertes multas y posibles procesos penales contra los ejecutivos de My Forex Fund.

Además, el alcance global de las operaciones de My Forex Fund significa que podrían enfrentar acciones legales en múltiples jurisdicciones. Cada país tiene sus propias leyes y regulaciones y la empresa puede enfrentar una variedad de desafíos legales en diferentes regiones.

En resumen, mientras My Forex Fund se prepara para defenderse de las acusaciones, los comerciantes e inversores tienen que permanecer atentos e informados. La situación evoluciona constantemente y sólo el tiempo dirá cómo se desarrollará este litigio legal.

Impacto financiero: análisis de las finanzas e inconsistencias

Para comprender mejor la situación financiera de My Forex Fund, es esencial mirar los números. El resumen que surge es realmente asombroso: My Forex Fund ha acumulado un total de 310 millones de dólares sólo en concepto de tasas de registro. Esta cantidad, impresionante podemos decir, se vuelve aún más sorprendente si se considera cuánto de ese dinero se distribuyó realmente a los traders. Con pagos por un total de sólo 137 millones de dólares, la diferencia es notable y resalta la gran disparidad entre los ingresos del prop firm y lo que realmente se compartió con su comunidad de trading.

Lujos y Gastos: La opulenta vida de Murtuza Kazmi

Sin embargo, si estos fondos no se distribuyeron entre los traders, ¿adónde fueron a parar? La respuesta puede estar en el lujoso estilo de vida de Murtuza Kazmi, la figura más importante detrás de My Forex Fund. Mientras muchos traders luchaban por obtener sus propios beneficios, Kazmi parecía vivir sin limitaciones, utilizando los beneficios de la empresa para uso personal mediante la compra de diferentes propiedades de lujo y coches de serie limitada. Hasta aquí no ha pasado nada malo, siempre que no haya habido irregularidades ni fraudes.

Esta discrepancia entre los ingresos de My Forex Fund y los gastos personales de Kazmi no sólo planteó dudas sobre la gestión financiera de la empresa; sin embargo, también arroja sombras sobre su propia integridad. Muchos se preguntaron si los fondos podrían haberse utilizado de manera más productiva, tal vez reinvirtiendo en la plataforma o compensando adecuadamente a los traders. Por el contrario, parecen haber alimentado un ciclo de desconfianza e incertidumbre entre la comunidad de trading y el liderazgo de My Forex Fund.

Comunicaciones perjudiciales y estrategias manipuladoras

Los correos electrónicos y mensajes instantáneos intercambiados dentro de My Forex Fund revelaron una realidad estremecedora. El "Jefe de Riesgos y Negociación", conocido como "Empleado A", no sólo era un actor, sino que tenía un interés financiero directo en el desempeño de la empresa. Esta conexión financiera arrojó una luz oscura sobre sus propias interacciones con un asesor externo, revelando un plan sistemático para garantizar que los traders financiados sufrieran pérdidas.

Estrategias y tácticas oscuras

Las interacciones entre el Empleado A y el consultor externo estuvieron lejos de ser perjudiciales. Revelaron un abierto desprecio por los traders exitosos y una voluntad de ver sus propias cuentas vaciadas. El éxito de cada cliente se consideraba una amenaza y cada pérdida se celebraba como una victoria. Este cinismo y desprecio por los clientes tenía sus raíces en las operaciones cotidianas de My Forex Fund.

Manipulaciones sistemáticas

El Empleado A y el consultor externo no sólo discutieron claramente las pérdidas de clientes; sin embargo, también desarrollaron estrategias destinadas a garantizar que tales pérdidas no ocurrieran. Introducir "retrasos y desvíos" fue una estrategia común, ideada para socavar a los traders y reducir sus propias ganancias. Los traders de bots fueron etiquetados especialmente, con específicas estrategias implementadas para neutralizar sus beneficios tecnológicos.

"Llévalos al infierno" es una sentencia muy popular que el empleado pronuncia varias veces al consultor externo, que indica cómo los retrasos en las operaciones podrían causar retrasos y enormes pérdidas para los traders involucrados.

Un ambiente tóxico

A medida que se revelaron las interacciones, se hizo evidente que My Forex Fund no era el entorno de apoyo y alentador que decía ser. Los traders exitosos se consideraban con sospecha y se llevaba a cabo una efectiva "caza de brujas" para identificarlos y neutralizarlos. La alegría expresada por las pérdidas de las noticias de los clientes era indicativa de una empresa que floreció gracias al fracaso de sus usuarios.

Un modelo de negocio perverso

El modelo de negocio de My Forex Fund estaba claramente relacionado con el fracaso de sus clientes. Cada pérdida sufrida por los traders representaba una ganancia para la empresa. Este perverso modelo de negocio fue apoyado y promovido activamente desde la cima de la empresa, con el Empleado A y el consultor externo desempeñando papeles clave a la hora de planear y celebrar las pérdidas de los clientes.

Revelaciones impactantes

Los correos electrónicos y mensajes instantáneos revelaron una empresa que no sólo deseaba que sus clientes fracasarán; sin embargo, trabajó activamente con el objetivo de garantizar. Los traders fueron engañados, sus operaciones manipuladas y sus éxitos castigados. My Forex Fund, lejos de ser un socio confiable en el camino de trading de sus clientes, era un depredador, listo para aprovechar cada oportunidad para aprovecharse de sus usuarios.

Lecciones valiosas para el futuro

El episodio de My Forex Fund reveló las profundas grietas que pueden existir bajo la brillante superficie de las promesas de una plataforma de trading. Destacó que, en una era llena de tecnología y digitalización, la transparencia no es sólo un lujo, sino una necesidad absoluta. Todos los traders, ya sean principiantes o veteranos, deben comprender que la investigación y la diligencia debida son fundamentales antes de subcontratar sus propios fondos y fideicomisos a cualquier entidad.

Además, este escándalo ha reiterado la importancia de la ética y la moral en el universo empresarial. Si bien la tentación de obtener ganancias inmediatas y fáciles puede resultar seductora, las consecuencias a largo plazo de este tipo de acciones pueden ser importantes no sólo para la empresa en cuestión, sino también para toda la industria. Una vez perdida, la reputación es muy complicada de recuperar.

Para las plataformas de trading y los prop firms, la lección es muy clara: la sostenibilidad a largo plazo no puede construirse sobre una base delicada de engaño y manipulación. La lealtad del cliente y la confianza del mercado se obtienen a través de prácticas de trading honestas, transparencia en las operaciones y un compromiso perfectamente genuino con el bienestar del cliente.

En conclusión, para los traders individuales, la historia de My Forex Fund ilustra la importancia de ser proactivo en su capacitación e investigación. Es fundamental estar bien informado, hacer preguntas, buscar opiniones y testigos y, sobre todo, escuchar el propio instinto. Si algo parece demasiado bueno para ser verdad, lo más probable es que lo sea.

Por lo tanto, esperamos que se aprendan estas lecciones y que se puedan evitar tragedias similares en el futuro.

CAPÍTULO 8:

Un Mes Después del Bloqueo de My Forex Fund: Reflexiones y Novedades

Hoy en día, mientras escribo este capítulo, ha pasado exactamente un mes desde el impactante bloqueo de "My Forex Fund". Si eres un entusiasta de la industria o simplemente un observador curioso, quizás te preguntes: ¿qué ocurrió realmente después de ese fatídico día? ¿Cuáles fueron las reacciones inmediatas y a largo plazo de otros prop firms? Y, sobre todo, en este complicado mar, ¿cuáles son los firms con los que todavía se puede contar y cuáles, por el contrario, podrían estar a punto de hundirse?

La respuesta a estas preguntas no es tan fácil; sin embargo, puedo asegurarte que el universo del prop trading no quedó indefenso ante este acontecimiento. Por el contrario, vivió un período de ferviente actividad, reflexión y, en algunos casos, de profundas transformaciones.

Durante la reciente Forex Expo en Dubai, tuve la oportunidad única de sumergirme en medio de esta industria. Tuve el privilegio de interactuar con los directores ejecutivos de los principales prop firms, hablar con algunos de los traders más populares y escuchar sus propios pasados, sus dudas y esperanzas para el futuro. Estas interacciones me ofrecieron información valiosa y detallada sobre cómo está respondiendo la industria a esta crisis.

Sin embargo, no quiero revelar demasiado. En este capítulo, te guiaré paso a paso a través de mis propios descubrimientos, reflexiones y las historias que recopilé. Te invito a seguir leyendo, sumergirte en este fascinante universo y descubrir conmigo lo que le depara el futuro al prop trading. vamos a empezar.

El Remolino Alrededor de My Forex Fund: Una Cronología de Eventos

En el capítulo anterior, el universo del prop trading se vio sacudido por una noticia inesperada: "My Forex Fund", uno de los prop firms más populares, fue repentinamente puesta bajo la lupa por la Comisión de Futuros Estadounidenses. Esta institución, considerada por su rigor y supervisión de los mercados regulados de Estados Unidos, formuló graves acusaciones contra "My Forex Fund", declarando que el puntal había cometido actos de fraude.

Para responder a estas acusaciones, la autoridad decidió fijar una audiencia para el 11 de septiembre, fecha que podría aclarar la situación y determinar el futuro de "My Forex Fund". Sin embargo, por razones que aún no están del todo claras, la audiencia fue pospuesta. Este retraso ha creado una atmósfera de duda y tensión, con muchos traders e inversores esperando respuestas concretas.

Mientras tanto, "My Forex Fund", probablemente con la esperanza de mantener la confianza de sus clientes transmitiendo transparencia, publicó un comunicado en su sitio web. La propuesta declaró que debido a las circunstancias pendientes y a la audiencia que se celebrará, no podría realizar reembolsos ni pagos a sus propios traders. Esta decisión ha alimentado aún más los argumentos y la especulación sobre el futuro de los prop firms y las posibles repercusiones para toda la industria del trading.

El Ecosistema del Prop Trading en Respuesta a la Crisis de "My Forex Fund"

El cierre repentino de "My Forex Fund" provocó conmociones en toda la industria del prop trading. Considerando que "My Forex Fund" no era un simple participante en el mercado, sino uno de los tres grandes gigantes de la industria, con una impresionante facturación de 300 millones de dólares acumulados en un lapso de tiempo relativamente corto de sólo dos años, su situación ha cambiado. Inevitablemente planteó preguntas sobre el futuro y la estabilidad de otros prop firms.

Entre las diferentes estrategias que pueblan este sector, "The Funded Trader" emerge como otro gigante, con una facturación de alrededor de 100 millones de dólares. Su posición en el mercado, combinada con su reputación, llevó a muchos a observar atentamente cómo reaccionaría ante esta crisis. Y, de hecho, "The Funded Trader" y algunos otros prop firms han empezado a tomar medidas proactivas para proteger su posición y tranquilizar a sus clientes.

Una de las estrategias adoptadas por el "Funded Trader" para navegar en estas aguas turbulentas fue revisar y adaptar su modelo de negocio. A partir de ahora, han dado un paso audaz al anunciar que sus traders operarán exclusivamente en cuentas demo. Esta decisión tiene una doble función: por un lado, ofrece protección adicional contra potenciales riesgos y, por otro, elimina la necesidad de operar como broker o institución financiera regulada en Estados Unidos. Este paso puede parecer técnico; sin embargo, en realidad, representa un intento de navegar sabiamente en el complejo panorama regulatorio, garantizando al mismo tiempo la confianza de sus propios clientes.

Detrás de escena con "The Funded Trader": conferencia reveladora del CEO Angelo Ciaramello

En un evento reciente que llamó la atención de muchos en la industria del comercio de utilería, Angelo Ciaramello, el súper carismático director ejecutivo de "The Funded Trader", habló frente a una audiencia de periodistas y profesionales de la industria. Angelo, a pesar de tener obviamente raíces italianas, nació y creció en Estados Unidos. Tiene 24 años y está en contra de su posición como líder de una empresa que presume de millones de dólares. Su ascenso en el universo del trading fue tan inmediato e impresionante que muchos estaban ansiosos por escuchar lo que decía.

Durante la conferencia, Angelo ofreció una descripción detallada de las operaciones de "The Funded Trader". Hizo un punto esencial que sorprendió a mucha gente: los traders de su empresa no comercian con dinero real. En cambio, trabajan en entornos virtuales, simulando operaciones de trading sin el riesgo asociado con el dinero real. Esta revelación proporcionó una comprensión clara del modelo de negocio innovador y prudente adoptado por "The Funded Trader".

Sin embargo, Angelo no se quedó ahí. Dio más detalles, hablando de un holding ubicado en las Islas Caimán, relacionado con "The Funded Trader". Este holding, explicó, tiene capacidad para comerciar; sin embargo, con una diferencia esencial: utiliza exclusivamente su propio capital, evitando utilizar fondos de los traders. Esta estructura permite a la empresa operar de manera eficiente y transparente, al tiempo que garantiza una mayor protección tanto para los traders como para la propia empresa.

The Payments Hub: La crisis del "Deal Deel" y sus Repercusiones en la Industria

Entre las turbulencias que han sacudido el universo del prop trading, un aspecto muy relevante es esa conexión con los sistemas de pagos.

En el centro de esta tormenta se encuentra "Deal Deel", una plataforma que, hasta hace poco, se consideraba la columna vertebral de las transacciones financieras de muchas empresas de utilería.

"Deal Deel" no fue sólo un simple intermediario; se había convertido en el punto de referencia de muchos accesorios gracias a su eficiencia y fiabilidad. Sin embargo, con la crisis que afectó a "My Forex Fund", las aguas en torno a "Deal Deel" empezaron a murmurar. La plataforma se vio arrastrada al torbellino de acontecimientos, involucrándose como parte en la controversia relacionada con "My Forex Fund".

La decisión de "Deal Deel" de interrumpir las relaciones con todas los prop firms fue un verdadero terremoto para este sector. Muchos props, acostumbrados a depender de la plataforma para sus propias transacciones financieras, de repente se encontraron sin un medio fiable para gestionar los pagos.

Esta circunstancia ha generado una serie de complicaciones, con algunos puntales buscando soluciones alternativas para afrontar la crisis. Una de estas soluciones, adoptada por algunos actores, fue recurrir a los pagos con criptomonedas, una opción que, si bien ofrecía ciertos seguros, también planteaba nuevos interrogantes y dudas.

El Panorama Diversificado de las Prop Firms: Cambios, Persistencia y Disputas

La reacción de los diferentes Prop Firms ante los últimos eventos ha perfilado un panorama variado y en constante evolución. Mientras que algunos actores han optado por revisar y adaptar sus estrategias, otros parecen permanecer fieles a sus propios métodos originales, a pesar de las crecientes presiones externas.

Por ejemplo, "The Funded Trader". Este prop firm ha decidido cambiar de rumbo, adoptando un enfoque diferente y, en cierto sentido, más cauteloso. Esta medida podría verse como un intento de protegerse de posibles dificultades del mercado y tranquilizar a sus propios traders e inversores.

Por otro lado, tenemos el "True Forex Fund", que recientemente saltó a la fama por estar incluido en la "lista roja" de la CFTC, una lista de entidades consideradas riesgosas o desconfiadas.

A pesar de esta designación potencialmente dañina, "True Forex Fund" ha adoptado una postura firme, afirmando enérgicamente que no ha cometido irregularidades y opera en pleno cumplimiento de las regulaciones.

Sin embargo, la historia no termina aquí. Otros prop firms, como "FTMO" y "Fidel Crest", parecen haber decidido mantener el rumbo, sin cambios significativos en su interacción.

Esto podría indicar confianza en la solidez de su modelo de negocio o, tal vez, una creencia de que su enfoque ya está de acuerdo con las expectativas del mercado.

La Geolocalización de los Prop Firms: Una Elección Estratégica y Regulatoria

En este contexto, la geolocalización del prop firm juega un papel crucial. El domicilio social de un puntal no es sólo una dirección física, sino que puede determinar todo el marco legal y regulatorio al que está sujeta la entidad, influyendo en consecuencia en sus operaciones, su reputación y su capacidad para atraer traders e inversores.

Por ejemplo, prop firms con sede en Estados Unidos, como “The Funded Trader”, que ha optado por establecerse en Texas. Estados Unidos es conocido por tener un marco regulatorio severo y detallado, cuyo objetivo es proteger a los inversores y mantener la integridad de los mercados. Un accesorio con sede en Estados Unidos podría ser visto como más digno de confianza pero, al mismo tiempo, podría enfrentarse a una mayor supervisión y adherirse a estándares más altos.

Al otro lado del Atlántico tenemos prop firms como FTMO, que ha elegido tener su sede en Praga, en el centro de Europa. Con su regulación MiFID II, Europa ofrece un equilibrio entre protección del inversor y flexibilidad operativa. Esta elección geográfica puede reflejar una estrategia destinada a servir a los clientes europeos y, al mismo tiempo, aprovechar las ventajas de un entorno regulatorio diferente.

Por último, existen prop firms como “True Forex Fund”, con sede en Hungría. Países como Hungría pueden ofrecer un entorno empresarial favorable, con una combinación de regulación local y acceso al mercado europeo.

En resumen, la geolocalización no es una elección aleatoria. Determina el contexto legal y regulatorio, influyendo en las decisiones estratégicas y operativas de una propiedad. Un prop firm podría elegir una localización particular para beneficiarse de ventajas fiscales, acceder a mercados específicos o posicionarse de manera óptima frente a sus competidores. En cualquier caso, la ubicación de un accesorio es un indicador clave de su posicionamiento en el mercado global de trading.

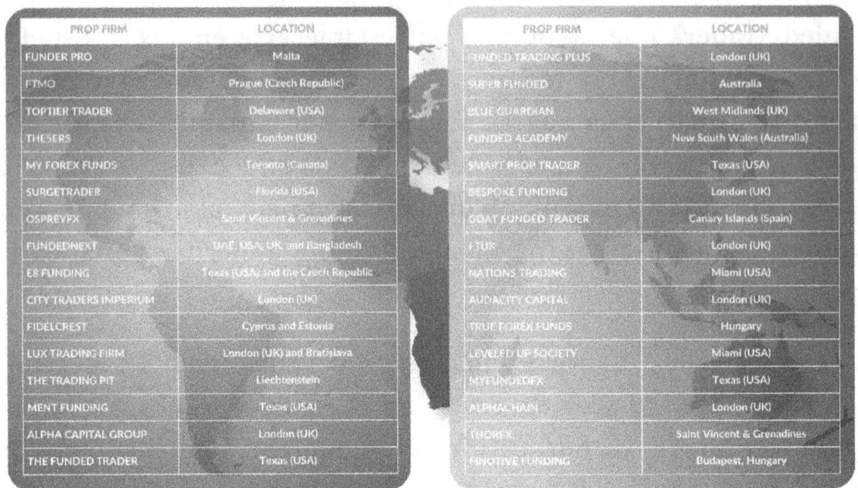

PROP FIRM	LOCATION
FUNDER PRO	Malta
FTMO	Prague (Czech Republic)
TOPTIER TRADER	Delaware (USA)
THE5ERS	London (UK)
MY FOREX FUNDS	Toronto (Canada)
SURGETRADER	Florida (USA)
OSPREYFX	Saint Vincent & Grenadines
FUNDEDNEXT	UAE, USA, UK, and Bangladesh
E8 FUNDING	Texas (USA) and the Czech Republic
CITY TRADERS IMPERIUM	London (UK)
FIDELCREST	Cyprus and Estonia
LUX TRADING FIRM	London (UK) and Bratislava
THE TRADING PIT	Liechtenstein
MENT FUNDING	Texas (USA)
ALPHA CAPITAL GROUP	London (UK)
THE FUNDED TRADER	Texas (USA)

PROP FIRM	LOCATION
FUNDED TRADING PLUS	London (UK)
SUPER FUNDED	Australia
BLUE GUARDIAN	West Midlands (UK)
FUNDED ACADEMY	New South Wales (Australia)
SMART PROP TRADER	Texas (USA)
BESPOKE FUNDING	London (UK)
GOAT FUNDED TRADER	Canary Islands (Spain)
FTUK	London (UK)
NATIONS TRADING	Miami (USA)
AUDACITY CAPITAL	London (UK)
TRUE FOREX FUNDS	Hungary
LEVELED UP SOCIETY	Miami (USA)
MYFUNDEDFX	Texas (USA)
ALPHACHAIN	London (UK)
THOREX	Saint Vincent & Grenadines
FINOTIVE FUNDING	Budapest, Hungary

Pero, ¿Son Legales los Prop Firms?

La verdad es que nos enfrentamos a una realidad matizada. Actualmente, no existe una regulación universal para los Prop Firms, lo que significa que operan en una "zona gris", que no está claramente definida.

De hecho, dado que estas empresas no están reconocidas como intermediarios ni entidades de crédito, actualmente no están obligadas a cumplir las normas de estas últimas.

En cualquier caso, como se cita en el párrafo anterior, la supervisión y control de estas empresas varía dependiendo del país en el que operan y de sus clientes.

Estados Unidos: Este país es conocido por sus estrictas regulaciones. Los American Prop Firms deben cumplir con leyes como la Ley Dodd-Frank y la Regla Volcker, creadas para preservar al mercado de riesgos excesivos y la solicitud de inversiones es muy cuidadosa y sólo puede ser realizada por empresas inscritas en registros especiales.

Europa: Las empresas que operan en países de la Unión Europea están sujetas a la normativa MiFID II. Esta ley está ideada para garantizar la transparencia y la protección de los inversores, y las empresas de utilería europeas deben cumplirla.

Jurisdicciones Extraterritoriales: Algunos Prop Firms optan por operar en jurisdicciones como las Islas Caimán o las Islas Vírgenes Británicas, atraídas por un régimen fiscal favorable y menos restricciones regulatorias.

A continuación se ofrecen algunos consejos para reconocer tempranamente las estafas de los prop firms

Como se dijo antes, no todos los prop firms son completamente legítimos. Desafortunadamente, algunos de ellos están dispuestos a explotar su pasión y compromiso con el comercio, prometiéndole montañas de oro pero, al final, dejándolo con las manos vacías. Estas empresas, a pesar de presentarse como legítimas, pueden no pagarte una vez que hayas superado el desafío y logrado el primer reparto de beneficios, bloqueando tu cuenta o inventando un montón de excusas para no darte lo que te corresponde.

Sin embargo, ¿cómo reconocer estas entidades engañosas?

Aquí hay algunos elementos clave a tener en cuenta:

Baja presencia en Trustpilot: Un serio prop firm definitivamente tendrá reseñas en sitios como TrustPilot. Si no puede encontrar ninguna reseña o si no se puede hacer clic en la insignia de TrustPilot en su sitio, podría ser una señal de advertencia.

Sitio web muy Pobre: Un sitio web mal diseñado, lleno de faltas de ortografía y con una presentación mal descrita, es una clara señal de falta de profesionalidad.

Presencia Mínima Online: Una sólida presencia online, que incluya un grupo de Telegram, un canal de YouTube, varias cuentas de redes sociales y una lista de correo electrónico, es fundamental. La ausencia de estos elementos podría indicar una empresa menos seria.

Servicio al Cliente Que No Responde: Un servicio al cliente eficiente es crucial. Si hay muchas quejas sobre lentitud o falta de respuestas, eso es una señal de alerta.

Ofertas Demasiadas Tentadoras: Si un desafío parece demasiado fácil o si las condiciones ofrecidas parecen demasiado buenas para ser verdad, probablemente exista una razón.

Los desafíos de Prop Firms están diseñados para ser complicados y, si una empresa se desvía demasiado de las normas generales, podría ser una señal de algo sospechoso.

Otros casos de Prop Firms a considerar:

La lista que seguirá en breve es un pequeño y sencillo informe destinado a señalar algunos accesorios que en el pasado, conmigo, con algunos de mis alumnos o de mis conocidos, se han mostrado comportarse de manera poco profesional; no sólo por no haber pagado algunos PayOuts, sino también por no haber respondido nunca a ningún correo electrónico de aclaración. Éstos son algunos de ellos a tener en cuenta:

- Msolution
- First Class Forex Fund
- Goat Funded Trader
- Blueforexfund

La lista se actualiza constantemente y también te pedimos que informe sobre cualquier Prop que haya cometido irregularidades y malas experiencias contigo para proteger a la mayor cantidad de traders posible.

Puedes reportarlos escribiéndonos a nuestro correo electrónico

info@investetica.net o directamente por WhatsApp pinchando en el código QR que aparece en la parte inferior del libro.

CAPÍTULO 9:

Cómo conseguir el éxito en este mundo podrido

Un modelo ganador para gestionar el comercio de accesorios y protegerse de las estafas de accesorios

Como vimos al analizar el caso de My Forex Fund, incluso las firmas de utilería más prestigiosas y reconocidas podrían resultar "estafas" increíbles. En un mundo donde la confianza puede ser traicionada fácilmente, es crucial tener una estrategia sólida para proteger sus inversiones y garantizar una gestión sostenible de su capital. Aquí hay una plantilla que podría servir como guía:

Prop Firms Diversificación:

Empiece por contabilizar al menos cuatro diferentes prop firms. Esto no sólo reduce el riesgo asociado con una única plataforma, sino que también le ofrece una visión más amplia del mercado y las oportunidades disponibles.

Gestión Sostenible:

Adopte una estrategia de trading que sea sostenible para ti. Esto significa mantener el riesgo en un nivel que le resulte cómodo, independientemente de las promesas de altos rendimientos.

Pago Mensual:

Aunque obtiene buenos rendimientos, es aconsejable retirar sus ganancias mensualmente. Esto garantiza un flujo constante de ingresos y reduce el riesgo de perder grandes sumas en caso de problemas con la empresa de utilería.

Pago de Depósito a una Cuenta Personal:

Una vez que reciba sus pagos, deposite inmediatamente los montos en una cuenta personal con un corredor confiable de su elección. Esto te ofrece una capa adicional de protección y control sobre tus fondos.

Gestión de Cuentas Personales sin Restricciones:

En tu cuenta personal, puede aumentar el porcentaje de exposición, ya que no está conectado por restricciones y reglas como ocurre con los prop firms. Esto te ofrece la libertad de aprovechar al máximo tus estrategias comerciales.

Pagos periódicos desde tu cuenta personal:

En conclusión, asegúrate de generar pagos periódicos también desde tu cuenta personal. Esto garantiza que siempre tendrá acceso a tus fondos y se beneficiará de tus ganancias.

Un refrán popular dice: "Si fuera así de sencillo, todo el mundo tendría millones de euros en sus cuentas". Sin embargo, la realidad es mucho más compleja y, como en muchos otros desafíos de la vida, el camino hacia el éxito está lleno de dificultades y acontecimientos inesperados, ¡pero estamos aquí para guiarte para que logres triunfar!

¿Por qué la mayoría de los participantes fracasan en el reto?

Enfrentar y superar el desafío de un prop firm es una tarea muy difícil. No basta con tener una estrategia de trading eficaz; es necesario un conjunto de habilidades que van desde la capacidad de interpretar el mercado hasta la perspicacia táctica para gestionar los sentimientos y desarrollar una mentalidad resiliente y específica.

Este concepto se ve aún más subrayado por algunas estadísticas reveladoras. Tomando como ejemplo a "The Funded Trader", el 16 de julio de 2023, Angelo, el director ejecutivo de la empresa, compartió datos impresionantes en su canal Discord.

De un total de más de 10 millones de dólares en cuentas financiadas, 456 cuentas se asignaron a traders. Sin embargo, sólo el 12,2% de estos superaron el desafío de la fase 1, dejando un sorprendente 87,8% que no logró superar esta primera prueba.

Aún más revelador, del 12,2% que tuvo éxito en la Fase 1, sólo el 39% pudo completar con éxito el desafío de la Fase 2 y obtener financiación.

Otro ejemplo, FTMO, tiene estadísticas muy similares. Según un informe del 15 de marzo en el sitio web de Forex Factory, la gran mayoría, o el 92% de los traders, no superan el desafío de la Fase 1 en sus cuentas. Esto significa que sólo el 8% de los traders avanzan a la siguiente etapa.

Estos datos dan importancia no sólo a la complejidad y los desafíos del trading, sino también a la importancia de estar bien preparado y equipado con las habilidades adecuadas para tener éxito en este campo.

Echemos un vistazo más de cerca a los obstáculos que un trader puede encontrar al intentar superar un desafío:

Relación Riesgo/Recompensa (RR) Desfavorable:

El concepto de Relación Riesgo/Recompensa (RR) es esencial en el trading y representa el equilibrio entre potenciales ganancias y pérdidas en cada operación de trading. Esta relación ayuda a los traders a evaluar si una operación es rentable y si vale la pena arriesgar una determinada cantidad de capital para lograr un determinado rendimiento.

Por ejemplo, consideremos la Prop Firm FTMO: para alcanzar un objetivo de beneficio del 10%, lo que equivale a 10.000 euros en una cuenta de 100.000 euros, el trader está obligado a no superar una pérdida diaria del 5% y una pérdida global por 10%. Esto significa que, mientras intenta ganar 10.000 euros, el trader no puede permitirse perder más de 5.000 euros en un solo día y no más de 10.000 euros en total.

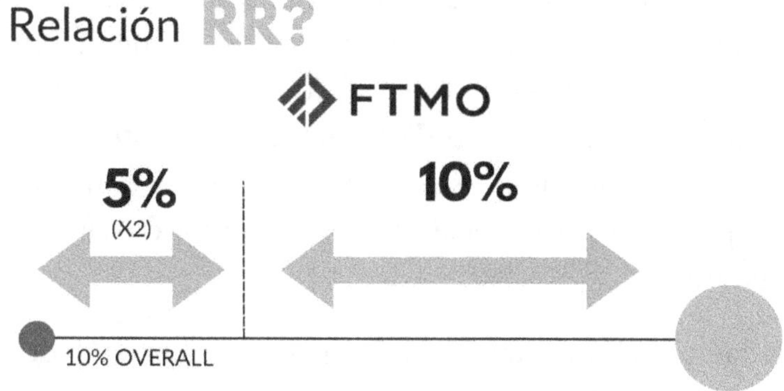

Un aspecto muy importante a destacar es que muchas Prop Firms también incluyen posiciones abiertas para determinar la reducción diaria. Esto puede tener un impacto significativo en la estrategia de trading de un individuo, ya que las posiciones no cerradas pueden afectar negativamente el índice RR, lo que hace aún más difícil para el trader mantener un equilibrio entre riesgo y recompensa.

En resumen, es esencial que los traders comprendan y evalúen cuidadosamente el ratio RR que ofrece un prop firm antes de comprometerse, ya que puede determinar en gran medida las posibilidades de éxito en sus operaciones de trading.

La Presión del Tiempo y Sus Desafíos:

Los plazos representan uno de los elementos más estresantes. Estos eventos, impuestos por los prop firms o las condiciones del mercado, pueden desencadenar una serie de reacciones emocionales en el trader. La presión del tiempo puede amplificar las emociones y llevar a decisiones apresuradas o, por el contrario, a parálisis en las decisiones.

En un ámbito donde cada segundo puede suponer un cambio en el valor de un activo, la percepción del tiempo se vuelve fundamental. Un trader puede sentirse obligado a actuar con rapidez, por temor a perder una oportunidad potencial de obtener ganancias o no limitar una pérdida. Esta urgencia, si no se controla correctamente, puede llevar a elecciones subóptimas, desviándose de la estrategia inicial.

La ansiedad por el desempeño, combinada con la presión del tiempo, puede crear un cóctel explosivo de emociones. Sin una preparación adecuada y una estrategia clara, el trader puede encontrarse navegando en aguas turbulentas, donde cada tictac del reloj suena como una advertencia.

Por eso es muy importante que los traders tengan no sólo un conocimiento sólido del mercado y una estrategia bien planificada, sino también herramientas y técnicas para gestionar el estrés y la presión que conllevan los plazos. La capacidad de mantener la calma, la concentración y ser completamente racional, incluso cuando el tiempo parece pasar demasiado rápido, puede marcar la diferencia entre una decisión de trading ganadora y perdedora.

Sin embargo, afortunadamente en 2023, muchos Props, incluidos algunos de los más famosos y reconocidos (Ftmo - True Forex Fund), han decidido abolir los límites de tiempo, haciendo que el desafío sea más tranquilo.

El Desafío del Trading Emocional:

En el mundo del trading, la dimensión emocional juega un papel crucial y, a menudo, puede marcar la diferencia entre el éxito y el fracaso. Aunque el trading suele considerarse una actividad basada en números, análisis y estrategia, la realidad es que las emociones humanas están profundamente entrelazadas en cada decisión que toma un trader.

Imagine a dos traders con la misma formación, el mismo conjunto de herramientas y la misma información de mercado a su disposición. Podrían mirar el mismo gráfico y, debido a sus experiencias pasadas, expectativas futuras y estado emocional del momento, podrían llegar a conclusiones completamente diferentes y tomar decisiones opuestas de trading.

Tanto las emociones positivas como las negativas pueden influir en nuestra percepción y juicio. Sentimientos como la euforia después de una serie de operaciones ganadoras o la desesperación después de una pérdida significativa pueden nublar nuestro juicio y hacer que nos desviemos de nuestra estrategia inicial. Asimismo, la calma y la paciencia pueden ayudarnos a navegar en tiempos turbulentos, mientras que la ansiedad y el miedo puede paralizarnos e impedirnos tomar decisiones claras y racionales.

Por eso es esencial que todos los traders reconozcan la importancia de la gestión emocional. No se trata sólo de conocer el mercado o tener una estrategia efectiva, sino también de entenderse a uno mismo, reconocer sus emociones y aprender a controlarlas. Tener un plan de trading muy sólido y bien planificado es el primer paso. Sin embargo, apegarse a ese plan, especialmente en tiempos de alta presión emocional, es lo que separa a los traders exitosos de los que luchan.

Los Prop Firms Quieren que Pierdas

El modelo de negocio de Prop Firms se basa en tres fuentes principales de ingresos:

Cuota de participación: Esta es la tarifa que cada trader paga por la oportunidad de participar en el desafío.

Diferencia de Provecho: El Prop Firm ofrece cierto provecho al trader; sin embargo, recibe un provecho diferente (y a menudo más favorable) de su broker.

Reparto de Beneficios: Una vez que un trader supera el desafío y empieza a generar ganancias, una parte de ellas se comparte con Prop Firm.

Ahora, analicemos algunas estadísticas reveladas por "The Funded Trader". El 16 de julio de 2023, Angelo, el director ejecutivo de la empresa, compartió datos impresionantes en su canal Discord. De un total de más de 10 millones de dólares en cuentas financiadas, 456 cuentas se asignaron a traders.

De ellos, sólo el 12.2% superó el desafío de la fase 1, es decir, el 87.8% fracasó en el primer intento. Aún más sorprendente es que sólo el 39% de ese 12.2% tuvo éxito en el desafío de la Etapa 2 y realmente recibió financiación.

Traducido en términos prácticos, esto significa que de cada 100 traders que intentan el desafío, sólo unos 12 logran pasar la primera etapa.

De estos 12, menos de 5 consiguen siquiera pasar la segunda fase. Y de estos 5, sólo una fracción logra generar ganancias consistentes y compartir estas ganancias con la Prop Firm.

Estos informes arrojan una luz muy clara sobre la realidad: la principal fuente de ingresos de muchas Prop Firms no proviene de la participación en las ganancias, sino de las tarifas pagadas por los comerciantes para participar en los desafíos.

Estos desafíos están ideados para poner a prueba incluso a los traders más experimentados, empujándolos a tomar malas decisiones bajo presión.

CAPÍTULO 10:

Cómo superar los desafíos

Estrategias Manuales

En el vasto universo del trading, el arte del trading manual siempre ha tenido un lugar especial. Si bien las máquinas y los algoritmos pueden ejecutar operaciones en fracciones de segundo, es la intuición humana, la experiencia y el profundo conocimiento del mercado lo que a menudo marca la diferencia. Los Old Props, como FTMO, valoran especialmente estas habilidades manuales, mostrando cierta reticencia hacia estrategias basadas en Asesores Expertos.

Sin embargo, vayamos al centro del tema: muchas estrategias manuales, lamentablemente, no son efectivas. No se trata de un juicio precipitado, sino de una realidad que muchos traders han experimentado de primera mano. ¿Por qué? Demasiados dependen de métodos obsoletos, técnicas que se han repetido incesantemente sin adaptarse a la dinámica cambiante del mercado.

Para emerger y tener éxito, es crucial mirar el mercado con ojos nuevos. Necesitamos comprender los verdaderos impulsores del mercado, como las decisiones de los bancos centrales, las declaraciones políticas y los balances de las grandes empresas. Sin embargo, hay otro actor que a menudo se pasa por alto: los grandes bancos de inversión. Con su capacidad para gestionar miles de millones, estas entidades pueden manipular el mercado, y a menudo lo hacen. Pueden crear movimientos de precios que van en contra de la intuición común, desafiando incluso a los operadores más experimentados.

Si puedes comprender estas maniobras y predecir cuándo y cómo actuarán estos bancos, te colocarás en una posición ventajosa. Ya no serás un simple participante del mercado, sino alguien que surfea sus olas con maestría.

En conclusión, si aspiras a dominar los desafíos de los prop firms, tienes que ir más allá de las técnicas tradicionales. Hay que sumergirse en el mercado, comprender tus matices y anticiparse a los movimientos de los gigantes. Y si alguna vez te sientes perdido o necesitas orientación, debes saber que estoy aquí para ayudarte. Haz clic aquí para iniciar un chat directo conmigo en WhatsApp y puedo presentarte un enfoque manual inigualable para ganar desafíos.

Estrategias Algorítmicas: El Arma Secreta para Dominar Nuevos Desafíos Prop

En la era digital del trading, las estrategias algorítmicas están ganando cada vez más terreno, especialmente en Prop New, que son particularmente tolerantes y abiertas a este tipo de enfoques. Sin embargo, ¿cuáles son exactamente estas estrategias? ¿Y cómo se pueden explotar para tener éxito en los desafíos?

Un Asesor Experto (EA), a menudo llamado bot o robot, no es más que un algoritmo, un conjunto de reglas sistemáticas, que guía las decisiones de trading. Es como tener un copiloto automático que sigue un camino predefinido. Sin embargo, no se deje engañar: incluso si está automatizado, un EA debe configurarse y monitorearse adecuadamente.

El corazón de un EA es el sistema de negociación, un conjunto de reglas que determinan cuándo entrar y salir del mercado. ¿El propósito? Generar beneficios, por supuesto. Sin embargo, ¿cómo se elige el EA adecuado? En nuestro arsenal de desafíos encontrarás una variedad de Asesores Expertos, cada uno con un objetivo específico. Algunos están ideados para operar rápidamente, permitiéndote encenderlos y apagarlos en cualquier momento, mientras que otros están más orientados a largo plazo, ideales para mantener un crecimiento constante a lo largo del curso de los desafíos.

Este software opera en tu cuenta de trading, bajo su total control. Puede comprar y vender, pero no puede realizar retiros ni transferencias. Su eficacia se basa en tres pilares fundamentales: la relevancia estadística de la rentabilidad, la gestión del dinero y la fragmentación del riesgo.

Ten cuidado: un EA no es una varita mágica. No basta con activarlo y esperar a que haga milagros. Hay que monitorizarlo, adaptarlo y, sobre todo, entenderlo. No caigas en la trampa de pensar que un bot puede sustituir el trabajo duro, la dedicación y el análisis. Al fin y al cabo, el verdadero protagonista de esta aventura eres tú, no el robot. Y como siempre, no existen atajos ni fórmulas mágicas, sólo compromiso, pasión y determinación.

En conclusión, si se utilizan correctamente, las estrategias algorítmicas pueden ser un poderoso aliado en los desafíos de Prop New. Sin embargo, recuerda siempre: la verdadera clave del éxito eres tú.

Tácticas Esenciales: Efecto Paracaídas

La "Protección diaria" es una característica que actúa como baluarte contra pérdidas potencialmente devastadoras. Este mecanismo se puede ajustar para distribuir aún más el riesgo asociado con sus operaciones de trading.

Por ejemplo, una Prop House como FTMO. Establece un límite de disposición diario del 5%. Esto significa que, en una cuenta de 100K, la pérdida máxima diaria permitida es de 5.000 euros.

Si estableces un parámetro de protección diaria en "4.500", el sistema intervendrá y detendrá las operaciones antes de alcanzar el umbral de 5.000 euros, manteniéndote en el juego.

Si se alcanza este límite, todas las posiciones se cierran y las operaciones se suspenden hasta la medianoche o la hora que establezcas. Al día siguiente, el sistema se reanuda automáticamente, teniendo nuevamente disponible el umbral de pérdida diaria.

Estrategia de Parada Dinámica

La "Estrategia Trailing Stop" representa un método avanzado capaz de optimizar la gestión de riesgos en las operaciones de trading. Esta estrategia particular te permite adaptar dinámicamente la protección diaria en función de las ganancias obtenidas.

En la práctica, a medida que el saldo de su cuenta crece gracias a las ganancias, puede aumentar el valor de la protección diaria. Este mecanismo garantiza que, incluso en presencia de pérdidas, el saldo general de su cuenta siempre sea positivo.

El concepto detrás de la "Estrategia Trailing Stop" es simple pero efectivo: cuando el precio de una acción aumenta, el trailing stop "sigue" este crecimiento. Si el precio empieza a bajar, el trailing stop permanece fijo en el último nivel alcanzado, protegiendo las ganancias acumuladas.

Este mecanismo es particularmente útil en mercados volátiles, ya que permite maximizar las ganancias y minimizar las pérdidas. La clave del éxito de esta estrategia radica en la capacidad de establecer el trailing stop en un nivel óptimo, ni demasiado ajustado ni demasiado ancho, para adaptarse a la dinámica del mercado y a sus necesidades comerciales.

Estrategias de Salida: Tácticas para Maximizar las Oportunidades

Para ganar un partido como este necesitamos analizar cada escenario y explotarlo tácticamente para cambiar la situación a nuestro favor. Aquí se explica cómo salir de esto de manera inteligente.

Estrategia EXIT 1

Incluso si te encuentras en una situación en la que ganar el Reto parece poco probable (por ejemplo, faltan unos días para la fecha límite y estás lejos de tu objetivo), el objetivo debe ser cerrar con ganancias, aunque sea por una pequeña cantidad. Cerrando con ganancias, tendrás la oportunidad de intentar el Reto nuevamente sin costo adicional.

Estrategia EXIT 2

Si has acumulado una ganancia superior al 5% y solo quedan tres días para que finalice el Reto, puedes considerar solicitar una extensión.

En este escenario, es aconsejable detener las operaciones y esperar a que se apruebe la extensión. Con más tiempo disponible, podrás revisar tu estrategia de gestión de riesgos y abordar tu objetivo con mayor tranquilidad.

Recuerda siempre que, en cualquier desafío, la preparación y la estrategia son elementos esenciales para el éxito.

Con las tácticas adecuadas y un enfoque reflexivo, puedes maximizar tus oportunidades y navegar con éxito en el mundo de Prop Firms.

Acuerdos de Prop Firms para pagar menos por el desafío.

¡Haz clic en el enlace o copia el texto en tu navegador para obtener descuentos en los desafíos!

Alcance	Prop Firm
https://fidelcrest.com/#fidelcrestdiscount88	Fidelcrest
https://ftuk.com/?ref=80	ftuk
https://trader.ftmo.com/?affiliates=DhILujmOcqTLdgqbeNyb	FTMO
https://fundednext.com/?fpr=tommaso96	Funded Next
https://luxtradingfirm.com/?ref=260	Lux Trading Firm
https://dashboard.thefundedtraderprogram.com/purchasechallenge-n/?sl=13554	The Funded Trader Program
https://www.thetradingpit.com/challenges-overview?ref=zmi2otk	The Trading Pit
https://the5ers.com/?ref=25596	The 5%ers
https://trueforexfunds.com/#a_aid=96158	True Forex Funds
https://fundyourfx.com/?via=rzr5ltm9as	Fund Your FX

https://www.saviusllc.com/savius-forex/#1661189303533-10	**Savius Forex**
https://luxtradingfirm.com/?ref=260	**Lux Trading Firm**
https://www.darwinexzero.com/?fpr=tct20&coupon=TCTRADING20	**Darwinex Zero**

CAPÍTULO 11:

Alternativas al Prop

Entonces, hemos explorado el mundo de los prop firms y las oportunidades que ofrecen a los traders. Sin embargo, es esencial comprender que el panorama del trading financiado no se limita exclusivamente a los Prop Firms.

De hecho, existen varias alternativas que pueden ofrecer similares oportunidades , si no mejores, para quienes buscan financiación para sus operaciones de trading. En este capítulo, profundizaremos en estas alternativas, analizando sus características, beneficios y potenciales desafíos.

Ya eres un trader novato o un veterano de la industria, es fundamental estar informado sobre todas las opciones disponibles. Este conocimiento te permitirá tomar decisiones informadas y elegir la solución que mejor se adapte a tus necesidades y ambiciones.

Entonces, sin más, descubramos las diferentes formas de obtener financiación en el mundo del trading.

El caso Darwinex

Darwinex representa una innovadora empresa FinTech, que actúa como Asset Manager y Broker, con la misión de crear un puente entre traders e inversores. A continuación se muestra un resumen detallado de los servicios que ofrece Darwinex:

Puente entre Habilidades y Capital: Darwinex se posiciona como una plataforma de vanguardia, destinada a conectar traders talentosos con inversores potenciales.

En este contexto, Darwinex asigna fondos de inversión a los traders, apoyándolos en la construcción de un historial sólido, todo ello bajo la protección regulatoria que ofrece Darwinex.

Entorno de Trading Avanzado: Darwinex ofrece a los traders la posibilidad de negociar una amplia gama de instrumentos financieros, incluidas acciones, futures, ETF, divisas y productos OTC. Los traders también pueden integrar su historial en otras plataformas.

Acceso a Fondos Iniciales: Darwinex, a través del programa DarwinIA, asigna mensualmente fondos iniciales a las estrategias con mejor desempeño. De esta manera, los traders pueden beneficiarse del 15% de las ganancias generadas por dichos fondos.

Exposición a Inversores: La plataforma Darwinex muestra las estrategias de los traders y atrae el interés de inversores tanto profesionales como minoristas. Esto permite a los traders recibir inversiones desde el primer día y ser remunerados por los rendimientos obtenidos.

Darwinex Pro: Este servicio premium, también conocido como "Hedge Fund as a Service", ofrece a los traders una plataforma personalizable, protección regulatoria y términos personalizados.

Autenticación de Historial: Operando con Darwinex, los traders comparten detalles de sus operaciones, lo que permite a Darwinex validar y certificar su historial. Esta certificación facilita la atracción de fondos de inversores en un contexto transparente e imparcial.

Recompensa por Desempeño: Con un historial autenticado, los traders tienen la oportunidad de acceder a diferentes fuentes de capital y ganar una comisión del 15% sobre los rendimientos obtenidos. Todo esto ocurre bajo el paraguas regulatorio de Darwinex, liberando a los traders de la necesidad de una regulación específica.

Darwinex Zero: Para los traders que buscan probar las aguas antes de sumergirse por completo, Darwinex ofrece "Darwinex Zero". Este servicio te permite consolidar la confianza en su estrategia de trading sin exponer el capital, con el único costo de una tarifa mensual.

Varios brokers: El efecto provecho como financiación indirecta

En el universo del trading, el provecho representa una herramienta poderosa que, si se usa correctamente, puede amplificar en gran medida los retornos potenciales de un trader. En la práctica, cuando un broker ofrece un provecho, en realidad está "financiando" al trader, permitiéndole operar con una suma de dinero mayor que la realmente depositada en su cuenta.

Por ejemplo, con un provecho de 1:30, un trader puede operar con 30 euros por cada euro depositado. Esto significa que incluso si empieza con un capital modesto, tiene la capacidad de gestionar posiciones significativamente mayores.

Sin embargo, es esencial resaltar que mientras en Europa el provecho máximo permitido para los traders minoristas es de 1:30, en otras jurisdicciones globales los límites son mucho más altos. Hay brokers, también accesibles desde Europa a través de sus plataformas, que ofrecen apalancamientos extraordinarios como 1:500. Esto ofrece oportunidades increíbles, pero también riesgos proporcionalmente mayores.

CAPÍTULO 12:

Tu desafío

La Esencia del Crecimiento Personal

¿Alguna vez has pensado en lo que nos impulsa a enfrentar los desafíos? ¿Por qué nuestro corazón late más rápido cuando nos enfrentamos a un obstáculo, ya sea un partido de fútbol o una competición amistosa en la oficina? La respuesta está en lo más profundo de nosotros mismos. Nos enfrentamos a desafíos para demostrar nuestro valor, afrontar nuestros límites y descubrir hasta dónde podemos llegar.

Piense en cuando el presidente Kennedy lanzó el desafío de llevar al hombre a la Luna. En su discurso de 1962, destacó la importancia de fijar objetivos audaces y ambiciosos. No sólo para alcanzar la meta, sino para superar nuestros límites, **para convertirnos en la mejor versión de nosotros mismos y crecer como individuos.** ¡Cuanto mayor sea tu propósito, mayor será tu crecimiento! Un reto que parecía imposible pero, al final, con determinación y valentía, se consiguió.

Los desafíos despiertan en nosotros esa chispa, esa pasión por demostrarnos a nosotros mismos de lo que somos capaces. Sin embargo, la verdad es que no tienes nada que demostrarle a nadie. Porque, independientemente del resultado, ya has conseguido una victoria en el momento en que decidiste implicarte y darlo todo. ¡Y saliste ganador, en el momento en que naciste!

Y si necesitas un poco de inspiración, piensa en esto aunque te haga sonreír: incluso antes de venir al mundo, superaste tu primer gran desafío. **¡Ganaste contra millones de espermatozoides competidores, una victoria que abrió el regalo de tu vida!**

Esto puede parecer un detalle divertido, pero es la simple verdad. Naciste campeón y esto es una prueba de que tienes lo necesario para afrontar cualquier desafío que te depare la vida. Nunca seas sólo un espectador de tu existencia; **naciste para ser el protagonista**, para vivir plenamente cada momento y para escribir tu propia historia extraordinaria.

Destruye tus límites

Sí, admito que, como todo ser humano en este planeta, yo también he enfrentado tormentas devastadoras en mi vida. ¿Conoces esos momentos en los que la vida te abofetea con un desafío que parece insuperable?

Cuando suena el timbre con insistencia e incluso antes de abrir, sientes ese peso en el estómago porque sabes que es el dueño que viene a pedir el alquiler. ¿Y tú? Miras tu billetera vacía, rezando para encontrar algunos billetes olvidados. O cuando suena tu teléfono y ves el número y te das cuenta de que es tu banco. De nuevo.

Te piden que vuelvas a endeudarte, ¿y tú? Ya has jugado todas tus cartas, has cambiado un crédito por otro esperando ganar tiempo. ¿Y ahora? Ahora te preguntas cómo diablos vas a alimentarte a ti y a tu familia.

Sin embargo, ¿sabes qué? Estos momentos, por brutales que sean, son los que te crean, los que te hacen más fuerte y decidido. Son estos momentos los que te muestran de qué estás hecho realmente.

¿Y yo? He decidido no dejar que estos momentos definan quién soy, sino usarlos como trampolín para convertirme en la mejor versión de mí mismo.

Cada momento de desafío que enfrentamos es como un bloque de mármol en bruto esperando ser transformado en una obra maestra. Pensemos en Miguel Ángel, que se encontró ante enormes bloques de piedra, aparentemente insignificantes y informes.

Muchos habrían visto sólo una roca, pero él vio una visión, una posibilidad. Con pasión, determinación y una visión clara, transformó ese mármol en obras de arte que han resistido el paso del tiempo.

Ahora piensa en sí mismo. Cada desafío, cada obstáculo, cada crítica que recibes es tu bloque de mármol. Quizás sólo veas la dureza y complejidad de ese bloque, pero te digo: dentro de ti hay un artista, un visionario, listo para labrar tu destino.

No dejes que nadie te diga que no puedes convertir tus desafíos en triunfos. Toma ese martillo y cincel y comienza a trabajar en ti mismo. Cada brazada, cada esfuerzo, cada gota de sudor te acerca a tu obra maestra personal.

Y sí, habrá momentos en los que querrás rendirte, en los que pienses que la canica es demasiado dura o que la visión es demasiado borrosa. Pero en esos momentos recuerda a Miguel Ángel. Recuerda la dedicación, pasión y visión que lo impulsaron a crear maravillas.

Y recuerda que, al igual que él, tú también tienes el poder de convertir tus retos en obras de arte. No te conformes con ser un bloque de mármol en bruto; Aspira a convertirse en una obra maestra. Y cuando el mundo te mire con escepticismo, responde con determinación y muéstrales de lo que eres realmente capaz.

Lo sé, la sociedad, con sus cadenas invisibles y sus voces asfixiantes, intenta incesantemente encerrarnos en una jaula de mediocridad. "Sé feliz", nos susurra al oído, "esto es lo mejor que puedes conseguir".

Sin embargo, yo os digo: no dejéis que estas voces os definan. No dejes que las opiniones de otras personas se conviertan en tu propia realidad. Nacimos para brillar, para superar todos los obstáculos y alcanzar alturas inimaginables.

La cínica verdad es que muchos preferirían verte fracasar, porque tu éxito resalta sus decisiones mediocres. Sin embargo, no estamos destinados a vivir a la sombra de nadie.

La verdad es que detrás de cada persona exitosa hay un ser humano muy normal que, a pesar de tener el mundo en contra, decidió desafiar todas las expectativas.

No dejes que nadie dicte tus límites. La grandeza está dentro de ti, esperando ser liberada. Desafía el status quo, rompe las cadenas y muestra al mundo de lo que eres realmente capaz.

¡Ahora es tu turno!

Habéis oído mi mensaje, habéis absorbido mis palabras. Ahora bien, no esperes ni un segundo más. Tu transformación comienza ahora, en este mismo momento. No mañana, no "algún día", ¡sino AHORA!

Espero haber encendido una chispa en ti, haber cambiado tu forma de ver las cosas. Pero, sobre todo, espero haberte armado con herramientas concretas, soluciones tangibles que puedas poner en práctica de inmediato para enfrentar tus desafíos como comerciante y revolucionar tu vida.

Mi equipo y yo en Investestetica, la primera empresa de capacitación en Prop Trading, estamos aquí, listos para apoyarte.

Si lo deseas, puedes mantenerte actualizado a través de nuestros canales, puedes encontrarlos aquí.

https://www.instagram.com/investetica_holding/

https://www.youtube.com/channel/UCZvMcr-R_FI0Pfd3Dq5kmfQ

https://www.facebook.com/Investetica.net

No te dejaremos solo en este viaje. Queremos ser tu guía, tu faro en esta aventura. Queremos llevarte de la mano y mostrarte cada paso, cada detalle, cada secreto.

¿Tienes alguna duda? ¿Tienes preguntas? ¿Simplemente quieres compartir tu progreso o tus miedos? No lo dudes. Estoy aquí para ti.

Te agradezco el tiempo que dedicaste y estoy feliz de haber contribuido, aunque sea un milímetro, a tu progreso y crecimiento personal. Estoy feliz de alguna manera de haber sido parte de tu camino hacia la realización y el éxito. ¡Qué deseas! ¡Y si te gusta, seguiré haciéndolo!

Felicitaciones por leer el libro ahora. Recuerda contactarme por WhatsApp para canjear <u>tu bono por valor de 197 euros.</u>

Simplemente escanea este código QR

www.ingramcontent.com/pod-product-compliance
Lightning Source LLC
LaVergne TN
LVHW050551160826
845677LV00011B/2271

* 9 7 9 8 8 8 2 1 3 9 7 4 1 *